学生必知的外国文化知识读本

学生必知的古罗马文明

晏立农 ◆ 编著

吉林人民出版社

图书在版编目(CIP)数据

学生必知的古罗马文明 / 晏立农编著 . -- 长春：
吉林人民出版社，2012.7
（学生必知的外国文化知识读本）
ISBN 978-7-206-09211-4

Ⅰ.①学… Ⅱ.①晏… Ⅲ.①古罗马—文化史—青年
读物②古罗马—文化史—少年读物 Ⅳ.①K126-49

中国版本图书馆CIP数据核字(2012)第149504号

学生必知的古罗马文明

XUESHENG BIZHI DE GULUOMA WENMING

编　　著：晏立农
责任编辑：崔　晓　　　　　　　封面设计：七　洱
吉林人民出版社出版　发行（长春市人民大街7548号　邮政编码：130022）
印　　刷：鸿鹄（唐山）印务有限公司
开　　本：670mm×950mm　　1/16
印　　张：13.75　　　　　　　字　　数：170千字
标准书号：ISBN 978-7-206-09211-4
版　　次：2012年7月第1版　　　印　　次：2023年6月第3次印刷
定　　价：48.00元

如发现印装质量问题，影响阅读，请与出版社联系调换。

目录
CONTENTS

目录 CONTENTS

目录 CONTENTS

目录 CONTENTS

前　　言

　　古希腊文明衰落之后，西方文明的另一发源地——罗马迅速崛起，成为西方文明发展的最高峰。它是世界古典文化中的又一瑰宝，它的成就在世界文化史上占有极其重要的地位。

　　由一个村庄变成一座城市，再到当时世界上最强大的帝国，这就是罗马。千百年来，罗马对于西方人始终是一个震撼人心的名字，它既是一座名城，一段古史，也代表着一个文明，一种传统，而且在西方人眼中，这是一种可作楷模的、第一流的文明和传统——古典传统。恩格斯说过："没有古希腊文化和罗马帝国奠定的基础，就没有现代欧洲。"古典流派源于希腊，而发扬光大于罗马。多少年来，罗马及其代表的古典文明成为西方人士迈向各个领域的引导。无论从政治到军事，从法律到诗词，从建筑到美术，人们以古典罗马为良师益友。罗马帝国在1500多年前垮台了，但文化遗产至今对我们仍然有用。德国法学家耶林就说道："罗马人三次统一西方世界：第一次是在罗马鼎盛时期，他们以武力统一了西方世界；第二次是在罗马衰亡时期，他们是以宗教统一西方世界；第三次是在中世纪以后，早已不复存在的罗马帝国又以罗马法再度统一了西方世界。"

　　罗马的历史虽然比希腊短，但是同样十分久远。公元前5世纪，在希腊古典文化高度繁荣之时，罗马还是一个刚刚步入文明的城邦。随着罗马的对外扩张，罗马文化的影响也越来越大。正如罗马城不是一天建成的，古罗马文化的形成经历了上千年的历史。它的文化不是罗马民族单独创造的文化，它是在外来的伊达拉里亚文化、希腊文化的影响下，罗马国家各民族共同智慧的结晶。在充分吸收伊达拉里亚和希腊先进文明的基础上，罗马文明迅速发展起来，成为希腊古典文明的直接继承者。因此，古罗马文化一个重要的特点就是罗马旧传统和希腊的影响两种因素并存。罗马人在广泛吸收旧传统和四邻各族优秀的文化成果，特别是古代希腊人的卓越文化成就的基础上，根据本国社会、经济、政治发展的需要，创造了自己独特的文化，为世界文化增添了新的内容。

罗马文化是西方古典文化的重要组成部分，它与希腊文化有着千丝万缕的历史联系。无论在建筑、宗教、科学、哲学，还是在文学、艺术等方面都可以看到希腊文化的影响和印记，是对希腊文化的继承和发展。然而，值得人们注意的是，罗马人并没有被动地抄袭希腊，也绝不是简单地照搬。罗马自身的拉丁传统和伊达拉里亚文化已为它奠定了文化的底色，在适应内外发展的过程中，罗马文化不断进行革新和创造。它的成就比希腊文化更胜一筹，为全人类创造了巨大的精神财富，形成了西方文化渊源之一。

本书以史为纲，全方位地展示古罗马的千古文明。

限于学术水平，书中舛误之处在所难免，诚祈学者、读者不吝赐教。

罗马人文始祖埃涅阿斯

　　古罗马文明，是人类文明史的一段传奇。关于她的兴起，自古以来就流传着许多著名的神话传说，这些传说既是古罗马人民在对大自然的斗争和对理想的追求中所创造出来的神的故事，同时也是古罗马文明最原始的起源。

　　追溯这段历史，人们一定要讲到英雄埃涅阿斯的传说。据《荷马史诗》记载：公元前1184年，阿伽门农率领的希腊联军运用"木马计"，最终攻下了小亚细亚城市特洛伊。特洛伊城失陷后，胜利者把这座曾经一度繁荣的城市夷为平地，对特洛伊人进行了血腥屠杀。由此，罗马人的历史便开始了。

　　传说特洛伊城被攻陷的那天晚上，希腊士兵像饿狼一样在整座城中疯狂砍杀。特洛伊将领埃涅阿斯率军奋力抵抗，然而当他看到特洛伊国王普里阿摩斯被杀时，立刻意识到这座城市就要毁灭了。于是，埃涅阿斯带着本族许多人，包括父亲安喀塞斯、儿子阿斯卡尼俄斯和特洛伊人的保护神潘那特斯的神龛等悄悄逃离了这座城市。他们来到特洛伊附近的伊达山时，早已经聚集在那里的一大批特洛伊人，立即聚集到这位将领的身边，于是他们怀着对神圣族弟复兴的梦想，开始准备寻找新的家园。人们在埃涅阿斯的带领下，伐木造船，做着出征前的准备。春暖花开的季节，埃涅阿斯率领船队告别了故乡。他们先来到色雷斯，在那里，埃涅阿斯遇上了特洛伊国王普里阿摩斯的儿子波吕多洛斯的阴魂，波吕多洛斯告诉他们，

这里已不是盟国，留在这里必然要被他们出卖。于是他们便前往提洛向阿波罗神祈祷。阿波罗神告诉埃涅阿斯："你们建立新城的地方是你们祖先诞生的地方，那里才是你们主宰的世界。"经安喀塞斯指点，他们又经过3天的航程终于来到了克里特岛。

在克里特岛，神给埃涅阿斯托了一个梦，告诉他：你的家园还在遥远的地方，那里被称为意大利，是根据当地的国王意大罗斯命名的。那里是他另一个先祖达尔达诺斯的故乡。特洛伊人的船队又出发了。途中他们登上了斯特洛法登岛，在遭遇半人半鸟的哈尔庇诅咒后，他们又踏上了漫长的迷途航行中。经历了无数的冒险，特洛伊人终于看到了遥远绵延的海岸线。他们欢呼着，呐喊着，庆幸终于来到了意大利。此时他们看到的确实是意大利的海岸。然而，上帝跟他们开了个大玩笑。原来当他们的船靠近海岸线后，映入眼帘的是4匹在海滩上放牧的骏马。在特洛伊人的眼中，骏马意味着战争，于是他们匆匆离开了盼望已久的意大利海岸。特洛伊人又驶过了很多岛屿，在西西里岛登陆时，埃涅阿斯的父亲不幸遇难。他来不及掩埋父亲就率领族人乘船继续去寻找梦想中的家园。特洛伊人刚刚离开西西里岛，他们的宿敌天后朱诺就急切地从奥林匹斯山上向下俯视，她从骨子里憎恶从事战争的这一族弟。她来到风源的领地，企图借助风神国王埃洛斯山洞的威力把埃涅阿斯率领的特洛伊人抛入滔滔大海。于是各路风神尽显神威，埃涅阿斯的船队很快就被掀翻在大海之中，船上的特洛伊人奋力向海岸游去，少数人则葬身鱼腹。海神尼普顿宠爱特洛伊人，他见特洛伊人受难，立刻把各路风神唤到眼前，然后用双手抚平大海，使部分特洛伊人得救了。风平浪静后，特洛伊人登上了位于北非突尼斯海岸一座叫迦太基的城市。女王狄朵热情地欢迎了他们。埃涅阿斯向女王讲述了自己的冒险经历和之后的漂泊生活，狄朵痴迷地倾听着他的讲述。冥冥之中，埃涅阿斯的母亲维纳斯派丘比特使狄朵爱上了他，于是爱情之火燃烧了女王的心。不知不觉中，冬天来了，埃涅阿斯早已忘记了神的旨意，再也不提寻找家园的事了。此时天公朱庇特在奥林匹斯山上非常气愤，他告诉墨丘利："你去告诉埃涅阿斯，他还没有到达目的地，必须马上离开迦太基。"

埃涅阿斯强忍住巨大的悲痛，踏上了寻找意大利的征程。埃涅阿斯的离开使狄朵彻底绝望了，她为爱结束了自己生命的旅程。埃涅阿斯怀着不能动摇的意志漂泊在寻找意大利的征途上，但狄朵以死殉情的举动使他的良心受到了谴责，他只能在迷航的途中来洗刷自己。特洛伊人再次来到了西西里岛，埃涅阿斯为父亲安喀塞斯举行了殡葬仪式。天后朱诺看到毁灭特洛伊人的计划失败后，开始唆使他们内部的关系。在受到唆使的特洛伊妇女暗中烧毁了4艘大船后，埃涅阿斯决定把年龄较大的人留在岛上，自己则带着一批年轻人前往意大利。

他们这次航行非常顺利，很快就到达了意大利海岸。登陆后，很快便确认了他们的脚下就是意大利。同时，他们也得知它已经分裂成几个国家了。他们脚下所处的地方叫拉丁姆，是拉丁人生息的地方，现在由国王拉丁奴斯治理。埃涅阿斯喜出望外，带领族人走上了这块陌生而又肥沃的土地。埃涅阿斯立即派出使者团前去拜见拉丁国王拉丁奴斯。而此时的拉丁奴斯恰好做了一个奇怪的梦，他梦见自己的女儿拉维尼娅将要嫁给一个陌生男子，而且由此他们的国家将会变成一个伟大的国度。当他接到埃涅阿斯捎来的信时，立即想起了梦中的情景，于是就把公主许配给了他。在此之前，当地卢图利部落的君主图奴斯曾向拉丁奴斯的女儿求婚，而拉丁奴斯将女儿许配给埃涅阿斯无疑使图奴斯蒙受耻辱。

在天后朱诺的眼中，特洛伊人不配有自己的第二家园。于是，她把冥府的复仇女神阿勒克托叫到眼前，吩咐她在特洛伊人和拉丁人、卢图利人之间挑起不睦，最好在他们之间的战争中，使特洛伊人消失。阿勒克托先后在拉丁姆王后阿玛塔和满心仇恨的图奴斯身上施展魔法，转眼间这两人就成了煽动部族仇恨的狂徒。于是卢图利部落、佛尔西安部落以及拉丁姆

人在图奴斯的领导下联合起来一起驱逐所有的特洛伊入侵者。两军交战力量悬殊，河神托梦给埃涅阿斯，建议他去拜访不远处的阿卡地亚国王埃迈德尔，埃迈德尔同意加入联盟。为了表示诚意，国王还派自己的儿子帕拉斯与埃涅阿斯同行。

　　为了使埃涅阿斯赢得胜利，埃涅阿斯的母亲维纳斯在一声惊雷中从天而降，给她的儿子送来了一块坚固的盾牌。她告诉儿子，这块盾牌将使他征战沙场时百战不败。然而，交战中埃涅阿斯并不顺利。为了缓解矛盾，孤立图奴斯，埃涅阿斯主动与拉丁奴斯修好。双方同意停止这场血战。矛盾缓解后埃涅阿斯决心与图奴斯单独决斗，一决雌雄。朱诺知道决斗的结果必然是图奴斯失败，于是在朱诺的指使下，图奴斯的妹妹朱特娜唤醒卢图利人冲进了决斗的战场。决斗不成，当埃涅阿斯召集随从回转时，背后突然中了一箭，图奴斯见状，立即跳下战车，杀死了许多特洛伊人。埃涅阿斯的医生在绝望中把射在他身上的箭拔出，此时掌握魔法的维纳斯立即把草药敷在了他的伤口上。埃涅阿斯立即恢复了元气，带领他的军队重新冲入了战场。惊慌中图奴斯企图逃走，但命运与他作对，长矛刺入了他的大腿，随后埃涅阿斯处决了他。

　　从此，埃涅阿斯就和族人在拉丁姆地区定居下来，后来埃涅阿斯的儿子在台伯河附近建立了阿尔巴·隆加城。这些特洛伊人的幸存者终于重建了家园，安居乐业。传说他们就是罗马人的祖先。

古罗马城的起源

　　关于罗马城起源的传说，有许多版本，其中被母狼所哺育的罗慕路斯和勒莫斯两兄弟的传说为人们所熟知。

　　相传埃涅阿斯与图奴斯决斗之后拉丁姆就成了特洛伊人的新家园。最初埃涅阿斯在这里建立了一座城市，并根据妻子的名字取名拉丁尼姆。不久他有了自己的儿子，名字叫阿斯卡尼俄斯。此后，特洛伊人和当地的土著民族进一步通婚，法律和宗教也渐近融合。埃涅阿斯决定将自己的族人与拉丁奴斯的人一起都以拉丁奴斯国王之名为名，称为拉丁人。

　　自从图奴斯决斗阵亡后，群龙无首的卢图利人和佛尔西安人纷纷逃回了自己的城市。对此，卢图利人一直耿耿于怀，于是他们暗暗招兵买马，希望有一天能血洗当年的耻辱。终于有一天，卢图利人觉得自己的军事力量已足以与拉丁姆抗衡了，便大举入侵拉丁姆。闻听卢图利人来到了拉丁姆的边境，埃涅阿斯立即披挂上阵。双方部队在奴弥科斯河前遭遇，两军对垒，战斗异常激烈。虽然这场战争以埃涅阿斯率领的拉丁军队完胜告终，但当人们欢呼雀跃庆祝胜利时，才发现国王埃涅阿斯不见了。最后确认是双方交战时，埃涅阿斯被卷入了奴弥科斯河中。

　　埃涅阿斯阵亡后，王位由儿子阿斯卡尼俄斯继承。他即位后，决定离开拉丁姆，在离这里不远的地方建一座新城，新城的名字叫阿尔巴·隆加城。阿尔巴·隆加的拉丁人，几代之后又建立了一些殖民地，都称为古拉丁人。埃涅阿斯的后代在拉丁人的首府阿尔巴·隆加传了15代，但当王位

传到努米特手中时，变故发生了。努米特的弟弟阿姆利乌斯篡夺了王位。阿姆利乌斯并不害怕他的哥哥，因此留了他哥哥一条性命，但却非常担心努米特的后代回来复仇。为了杜绝后患，阿姆利乌斯下令杀死了努米特的儿子，努米特的女儿希尔维娅则被列为侍奉灶神的圣女，使她不能结婚（根据罗马人的规定，灶神的女祭司不能结婚），因而也就不能有后代。可是由于神意的安排，战神马尔斯竟来和希尔维娅结合，使她生下了一对双胞胎儿子。

阿姆利乌斯得知希尔维娅生子的消息后，立即下令将她处死，并命人把那两个孩子投入台伯河淹死。但出于神意，河水没有淹死孩子，而是将盛着婴儿的篮子冲到了荒凉的河岸边，并搁浅在岸边的一棵无花果树旁。婴儿的啼哭声引来了一只母狼，母狼没有伤害他们，而是把他们叼到了阿芬丁山丘的一个洞穴中，用自己的乳汁喂养了他们。过了一段时间，这对孪生兄弟被一个叫富斯图鲁斯的牧羊夫妻发现，将他们带回家中抚养并给他们起了名字，大的叫罗慕路斯，小的叫勒莫斯。看到罗慕路斯和勒莫斯苗壮成长，富斯图鲁斯很是欣慰，但也越来越感觉到这两个孩子并不像凡人。当听到希尔维娅因与战神马尔斯生下了两个孩子被扔下台伯河后，他更加坚信了罗慕路斯和勒莫斯是神的儿子。在欣喜中，富斯图鲁斯也感到了悲伤，很快他的担心就得到了证实。由于健壮的体魄，每次因放牧与其他牧人发生争执时，罗慕路斯和勒莫斯都会取得胜利。这些胜利对阿芬丁山上的牧羊人来说则是极大的侮辱。牧羊人决定在卢泼卡利恩节上好好惩罚一下这两个兄弟。卢泼卡利恩节很快就到了，年轻人披着狼皮载歌载舞并围着帕拉丁山赛跑。当罗慕路斯和勒莫斯在赛跑中冲在最前面时，牧羊人趁机向两兄弟发动了攻击。尽管兄弟俩奋力反击，但勒莫斯还是被牧羊人擒获并带回阿芬丁山。罗慕路斯在逃离危险的途中，遇到了养父富斯图鲁斯，他建议富斯图鲁斯用武力去解救弟弟勒莫斯。富斯图鲁斯则说："孩子，让我去向他们解释吧，如果那些阿芬丁山上的牧羊人知道了你们的身世，就一定会顶礼膜拜的。"于是他向罗慕路斯道出了他们的身世。

"你是说，我们是战神马尔斯的儿子，是这个王国的合法继承人吗？"罗慕路斯似乎有点接受不了这个突然到来的事实。"是啊，所以你不用担心勒莫斯的安危，神会保护他的。"为了安慰罗慕路斯，富斯图鲁斯带着他来到阿芬丁山，建议那些正不知如何处置勒莫斯的牧羊人，去寻找被流放的国王努米特，以证实两兄弟的身份。帕拉丁和阿芬丁人对所发生的一切非常关注，他们相拥着来到森林深处的西尔瓦诺斯庙找到了老国王努米特，努米特一眼就看出了眼前的两个英俊青年就是自己的继承人，因为他俩的脸庞、身躯与自己年轻时如出一辙。

了解了自己的身世，罗慕路斯和勒莫斯当即立下誓言，进攻阿尔巴·隆加，为母亲报仇。在两兄弟的带领下，那些早已痛恨阿姆利乌斯的人们纷纷拿起武器，向阿尔巴·隆加进发。在与国王军队进行的激战中，罗慕路斯杀死了阿姆利乌斯，群龙无首的国王军队大败，努米特又重新登上了王位。

努米特重新登上了阿尔巴王位后，对罗慕路斯和勒莫斯十分宠爱，他希望两个孩子将来能够替他掌管阿尔巴的命运。正当努米特为自己的想法而暗暗高兴的时候，罗慕路斯和勒莫斯却来向外祖父辞行，他们不打算继承外祖父的王位，而希望白手起家，通过自己的努力一展宏图。努米特还得知，两个外孙想在台伯河下游建造一座城市，以纪念他们的母亲希尔维娅。努米特被两个孩子的想法感动了，他把大片的土地赠给了两个孩子，帕拉丁人和阿芬丁人则成了这片土地上的第一批居民，此后，各地受迫害者纷纷来到这一地区，使这一地区的人口迅速得到了增长。

随着人口的迅速增长，建城提到了议事日程。兄弟两人在如何建立城市，以及用谁的名字来命名这座城市的问题上发生了争执。最后双方同意由这里的保护神来决定，至于神意如何，则通过占卜来测知。罗慕路斯以帕拉丁山为自己的占卜地，勒莫斯则以对面的阿芬丁山为自己的占卜地。

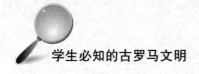

据说，勒莫斯首先从6只秃鹫的飞翔中得到了预兆。当他派人把这一预兆通报给罗慕路斯时，罗慕路斯正好看见12只秃鹫在飞翔。因此两位都被自己的拥戴者尊为国王。一方声称先见预兆者应为王，另一方坚持以秃鹫数目的多少来确定国王。于是双方爆发了一场舌战，进而引发了暴力争斗。吵闹中罗慕路斯杀死了弟弟勒莫斯，遂按照自己的意志举行了城市的奠基仪式。据说罗慕路斯把一对雪白的公牛和母牛套在犁上，赶着它们绕着帕拉丁山丘犁出了一道深深的犁沟，到了预定开设城门的地方，他把犁头抬起，城墙的轮廓就这样确定了下来。罗慕路斯还根据自己的名字命名了这座城市——"罗马"。

这就是关于古代罗马城起源的传说。罗马人之所以把自己与战神马尔斯和母狼扯在一起，大概主要是因为罗马刚建立时国力十分弱小，不得不在连年争战中求得生存，这种情形下，说自己是战神的后代当然有助于精神上的自我激励，而狼则是战神的圣兽，由战神而引出狼来，也就顺理成章了。

王政时代的罗马

王政时代，是指罗马城出现在历史舞台到共和国建立这一历史阶段。通常是指古罗马的公元前753年到前509年这一时期，又称为罗马王国伊特鲁里亚时期。王政时代相当于古希腊的英雄时代（荷马时代）。据传王政时代有7个王，分别是：罗慕路斯、努玛·庞皮留斯、托里斯·奥斯蒂吕斯、安库斯·马尔提乌斯、卢修斯·塔克文·布里斯库、塞尔维乌斯·图利乌斯、卢修斯·塔克文·苏佩布。前4个王是拉丁人和萨宾人，即王政前期；后3个王是伊特鲁里亚人，即王政后期。

王政时代是氏族社会向阶级社会过渡的时代，即军事民主制时代。前4个王是罗马人公社的军事首领。社会组织划分有300个氏族，每10个氏族构成一个胞族，又称为库里亚，每10个胞族又构成一个部落，称特里布斯。这一时代的"王"称为"勒克斯"。后3个王是伊特鲁里亚塔克文王朝的君主。他们既是军事首领又是最高祭司和审判官，这个时期氏族社会开始走向瓦解，阶级社会的萌芽开始显现。居民按财产多少划分等级，社会组织按百人队设立大会（森都里亚大会），并设立4个行政区域，统一管理辖内事物。

王政时期到底有几个王？其实并无定数，史书上通常说有7个王，学者们认为这其中暗含着与罗马的7座山相对应。

王政时期前4个王和后3个王之所以先由拉丁族人、萨宾族人交替执政，而后又由伊特鲁里亚人执政，是因为前期的罗马有着拉丁族人和萨宾

族人彼此融会的历史背景，而后期伊特鲁里亚人主政罗马则是由于他们在经济领域成了这块土地的主宰者使然。

传说，在罗马城所在的台伯河沿岸，很早以前便有人居住，他们并非罗马人，而是当地几个土著民族的混合。罗马人属拉丁族人，他们是在土著人之后分批由北而南进入意大利的众多印欧语系族群中的一支外族。拉丁人的主要居住地不是在台伯河沿岸，而是在其东南面广袤百里的拉丁姆平原。靠近河岸的是另一批同属于印欧语系族群的萨宾人。同期，台伯河北岸的广大地区建立了一些伊特鲁里亚人的国家，他们和拉丁人、萨宾人皆有贸易往来，并在台伯河两岸建立了许多商道，其中较为重要的一条穿过罗马诸山而过。后来的罗马王政时期先后由拉丁族、萨宾族和伊特鲁里亚人执政就是由这样的居住分布决定的。

王政时代的罗马历经弥久，但有两件大事为世人所熟知：第一件是王政时代的首位王罗慕路斯与部属抢劫萨宾妇女的事件；第二件是塞尔维斯·图利乌斯的政治改革事件。

传说罗慕路斯在建立了罗马城之后，便开始了他的执政生涯。执政初期，罗马人力资源非常匮乏，因为拉丁人多是从外地移居而来的，在这些族群中，多半是男人，很少有妇女随从。罗马人为了繁衍生息只能从邻近的萨宾人中寻找配偶，同样萨宾人为了保住自己族群的兴旺，也需要自己族群的女人繁育后代，这就使得拉丁人在萨宾人中寻找配偶成为一件很困难的事情。这样的背景下，罗慕路斯便决定用施计的方式以武力进行掠夺。

为了抢夺萨宾妇女，罗慕路斯大张旗鼓地准备了一次竞争会，特意邀请萨宾妇女参加会议，暗地里却让手下的武士埋伏在会场四周，待他一声令下，便把所有萨宾妇女掳为妻室。

这次抢劫虽然解决了罗马社会生活的一大难题，却招致了萨宾人的深恶痛绝，结果双方大动干戈，激战不已。后来，是萨宾妇女用自己的勇敢与牺牲精神最终化解了彼此的仇恨。传说，在一次两大族群的大激战中，被掳为拉丁人妻室的萨宾妇女奋不顾身地冲进了战场，以自己的血肉之躯隔开拉丁人和萨宾人的刀枪，恳求双方停战言和。因为这时无论哪一方都是她们的亲人：拉丁人是丈夫，萨宾人是父兄。由于她们的干预，罗马人和萨宾人从仇家变成了亲家，两族和睦定居于罗马城中。罗慕路斯一度邀请萨宾国王共治罗马，所以就有了罗慕路斯死后的第二位罗马国王是萨宾人的历史。

从罗慕路斯开始，罗马的军事民主制在第四代王安库斯·马尔提乌斯死后以伊特鲁里亚人夺得王位而宣告结束。当时罗马在城市建设、水利开发、工商业经营方面都得依靠伊特鲁里亚人。特别是在国际贸易方面，不仅农牧产品的北运和海盐的内销主要由他们经手，同时新发展的一种贸易——贩运来自海外的雅典陶器、油、酒和工艺品等也都由他们垄断。不少伊特鲁里亚的贵族、商人、奴隶主连同大批工匠纷纷移居罗马，形成了庞大的社会势力，最终他们夺得了王位。

罗马王政后期，随着铁器的普遍使用，社会经济进一步发展，也加剧了氏族内部的分化。平民阶层和奴隶的出现又加剧了阶级分化和阶级矛盾。如果说，最初罗马人还可以通过血缘亲属的氏族和部落关系来解决部分平民不满的话，那么到第六王塞尔维乌斯·图利乌斯时期，这种可能就已经变得微乎其微了。因为这时的平民人数即使不完全等同于罗马人，也几乎与它相差无几了。此外，平民在经济和军事事务中所起的作用也越来越大。罗马的工商业多由平民经营，税收的很大一部分也来自平民；一切与罗马有关的战争，无论是自卫战，还是对外扩张都离不开平民的参与。广大平民对氏族贵族的特权强烈不满，他们要求形成中的罗马国家机构不再是以氏族门第，而是以财产多寡来确定它管辖下居民的权利和义务。而这一点，罗马的氏族制度显然是无能为力的。正是在这种背景下，出现了塞尔维乌斯·图利乌斯的改革。

　　塞尔维乌斯·图利乌斯改革的主要内容有：一是按财产多寡把公民划分为5个等级，并规定每个等级出数目不同的军事百人队；二是建立百人队会议（森都里亚大会），以取代库里亚会议的权利，表决时每个百人队有一票表决权。因为富人出的军事百人队多，所以富人可操纵绝对多数的平民；三是把3个血缘部落划分为4个地域部落。

　　塞尔维乌斯·图利乌斯的改革冲破了以血缘关系为基础的氏族制度，建立起以财产和地域划分为基础的居民制度，由此完成了由氏族制度向国家的过渡。

　　这之后，王政时代的最后一个王卢修斯·塔克文·苏佩布发动政变杀死了塞尔维乌斯·图利乌斯，随即自己主政。

　　卢修斯·塔克文·苏佩布是个残暴的君主，他独断专横，厉行苛政，罗马人民不胜其苦，终于在公元前509年发动暴动，推翻了塔克文家族的统治，结束了"王政"时代。从此，罗马历史进入了一个新的时代，即共和国时代。

布匿战争确立罗马霸权

布匿战争是古罗马与迦太基两个古代奴隶制国家之间为争夺地中海西部统治权而进行的一场著名战争。这场战争前后进行了3次，长达118年。

罗马发祥于意大利半岛，是一个不大的城邦。公元前3世纪早期，罗马统一了意大利半岛，成为地中海一大强国。其后，罗马便把扩张矛头转向了西地中海的迦太基。

迦太基位于今天北非的突尼斯，由腓尼基人移民建成。公元前3世纪已发展为一个富庶的强大国家，占有北非北部沿海、西班牙南部沿海、西西里的大部、科西嘉、撒丁、巴利阿里群岛等地，成为罗马向海外扩张的劲敌。双方争夺的焦点是盛产谷物的西西里。罗马军队分为4个军团，每个军团约4 200人—6 000人，基本属于常备军，具有较强的战斗力。迦太基的军事力量也很强大，特别是海军，在地中海地区属一流。

公元前264年，地处意大利、西西里海峡要地的麦散那城邦由于雇佣兵起义，麦散那向迦太基和罗马两方求救。迦太基和罗马先后派兵前来干预，双方为各自利益互不相让，终于导致了第一次布匿战争（罗马人称腓尼基人为布匿，故这场战争称布匿战争）的爆发。经一系列交战，罗马军队取得陆上作战的一些胜利，但迦太基在海上一直处于优势。善于模仿的罗马人，以一艘搁浅的迦太基战舰为样板，在希腊人帮助下，建立了一支庞大的舰队。船只结构同迦太基人的一样，也是桨式战船，罗马人还制造了一种搭有尖钩的活动吊桥，将它钩到对方战舰的甲板上，这样不习水战

的罗马人就可沿长板冲向敌船，在甲板上打一场陆地战，发挥罗马军团人数多的优势。公元前241年3月，罗马的200艘战舰在伊干特群岛大败迦太基海军，迦太基不得不求和，赔款3 200塔兰特，罗马取得了西西里及其他一些岛屿；随后又乘迦太基雇佣兵起义之机，出兵占领了科西嘉和撒丁尼亚两个岛屿。罗马取得第一次布匿战争的胜利，并掌握了地中海西部的制海权。

公元前221年，迦太基为了夺回失地，任命25岁的汉尼拔为主帅，又开始了第二次布匿战争。汉尼拔出身于一个军事贵族家庭，自幼随父从军，受过良好的军事训练和外交才能的培养，懂得几种语言，能发动不同国籍的人为他作战，并无条件地服从他。平时，他生活简朴，极能吃苦，常常披着斗篷睡在放哨战士中间，和士兵同甘共苦，深受士兵的爱戴。公元前218年4月，汉尼拔率领9万名步兵，1.2万名骑兵和37只战象，越过了比利牛斯山脉，又巧妙渡过罗尼河，开始了对意大利的远征。汉尼拔率军用了33天时间，克服了许多难以想象的困难，越过了欧洲有名的阿尔卑斯山麓，到达意大利北部的波河平原。汉尼拔的突然出现，使罗马人大为惊慌，不得不放弃侵略非洲和西班牙的计划，集中兵力保卫意大利本土。汉尼拔率领部队花了4天3夜时间，涉过齐胸的污水和沼泽地，绕过罗马军的设防阵地，踏上了通往罗马的大道。罗马执政官弗拉米纽斯率军尾追，不想落入了汉尼拔选好的战场，当弗拉米纽斯率大队人马进入山谷时，汉尼拔立即发出进攻的信号，迦太基人前后夹击，经过3小时厮杀，弗拉米纽斯全军覆没。罗马元老院一面下令加固罗马城防，同时任命经验丰富的费边率领4个军团的兵力尾追汉尼拔军队，却不与他们正面交战。公元前217年底，瓦罗接任费边执政官，其人好大喜功，主张速战速决。他的意见由于得到元老贵族的支持而占了上风，双方于公元前216年8月在奥费达斯河岸的坎尼地区展开了一场大战。汉尼拔事先了解到当地每天午后刮东南风，于是指挥部队紧急转移，处于上风方向，并把部队布成一个新月形阵势，从侧面把罗马军卷入口袋之中，重重包围起来，最后全歼罗马军队。这一战，罗马人损失极大，据说有7万人被杀，瓦罗和370名骑兵逃出重围，得以生还。这就是著名的坎尼之战，它是西方军事史上第一个合围之战，显示了汉尼拔的卓越军事才能。

公元前205年，罗马33岁的年轻将领西庇阿率军渡海到北非迦太基本土，迦太基急忙召汉尼拔回军救援。公元前202年秋，双方在扎玛城附近进行最后的决战。汉尼拔仍按常规列队和战法，西庇阿则不循常规，他把一、二、三线各部队重叠配置，中间留出空道，以便让战象通过。交战开始以后，当汉尼拔军的战象冲到西庇阿军前沿时，西庇阿的一线部队突然鼓角齐鸣，喊声大作，汉尼拔军的战象受到惊吓，有的停滞不前，有的转身向自己的战阵冲去，还有的受罗马军的投枪击伤后逃跑。西庇阿抓住这一有利时机，命令骑兵迂回包抄，同时将兵力集中起来，向汉尼拔军正面猛攻，一鼓作气，终于取得了胜利。汉尼拔军战死约2万人，汉尼拔落荒而逃。这是汉尼拔第一次也是最后一次吃了败仗。迦太基被迫求和，接受了十分苛刻的条件，失去一切海外属土，赔款1万塔兰特，战舰除留10艘外全被凿毁。从此，迦太基的海上霸主地位彻底破产，罗马成了西地中海的霸主。半个世纪以后，迦太基在军事上虽无力再与罗马竞争，但其商业发展迅速，物质财富迅速增加，引起了罗马的妒忌。罗马唯恐迦太基复兴。

公元前149年，罗马进犯迦太基，第三次布匿战争爆发。罗马派执政官孟尼留斯率8万步兵、4 000骑兵、600艘战舰，从西西里渡海直达迦太基的重镇乌提卡。对这突如其来的侵略，迦太基措手不及，只得向罗马求和。罗马提出，要迦太基交出全部武器和300名儿童作人质。当迦太基满足罗马这一条件后，罗马无理地要求迦太基毁掉城市，移居离海15公里以外的内地。迦太基人民愤怒至极，他们铸造武器，加固城墙，充实粮库，妇女们剪掉自己的头发，搓成绳子，供绑扎枪炮之用。公元前149—公元

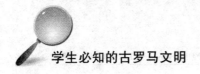

前147年，罗马在军事上接连失利，直到前146年，罗马以饥饿围困迦太基，才突破城外防线。残酷的巷战进行了6天6夜，最后许多迦太基人同庙宇同归于尽，战死者达8.5万。罗马元老院下令焚烧迦太基城，大火延烧16天之久，残存的5万迦太基人被卖为奴隶，迦太基城被彻底毁灭。持续118年的布匿战争，以迦太基的灭亡而告结束。这次战争时间之长，规模之大、两国人民蒙受痛苦和灾难之深，都是历史上空前的。

在今天，连迦太基这个名字都已不复存在，当今的突尼斯城是在古老的迦太基废墟上建起来的。战胜国罗马损失也是惨重的，许多城镇被毁坏，田园荒芜，无数的居民惨遭屠杀。据公元前220年的户口调查，罗马成年男子共27万，到公元前207年只有13.7万，损失近一半。布匿战争在古代军事学术史上写下了重要的一篇。陆上强国罗马为战胜海上强国迦太基而建立了海军；迦太基统帅汉尼拔在不拥有制海权的情况下，从陆上翻越天险阿尔卑斯山深入罗马腹地；汉尼拔以劣势兵力围歼优势之敌和罗马海军所采取的接舷战，都是战术史上的杰作，这些对欧洲陆战和海战产生了深远的影响。罗马在征服迦太基之后，继续向地中海东部扩张，接连征服了马其顿王国和小亚细亚的西部和中部。到公元前44年，即至恺撒死，罗马殖民地已扩张到西自西班牙，北到瑞士和法国，东迄叙利亚，南至埃及。到公元前117年，北到英国，东到波斯湾，以地中海为中心，包括了欧洲几乎全部以及非洲和亚洲很大一部分。布匿战争使得罗马打开了通向与称霸世界的大门。

罗马在长期的掠夺战争中，获得了大批的奴隶。横行于地中海各地的海盗，也经常把掳掠而来的人口出卖于罗马，大大促进了罗马工业的发展。罗马为方便商品流通和战争，开辟了许多对外通路。有句谚语叫"条条道路通罗马"，就表明了这个时期罗马的状况。

群雄争霸的罗马共和国

公元前510年，罗马人驱逐了前国王卢修斯·塔克文·苏佩布，结束了罗马王政时代，建立了罗马共和国。国家由元老院、执政官和部族会议三权分立。从驱逐国王起的公元前510年到公元前27年，屋大维大权独揽，获得"奥古斯都"（意为神圣）尊号的480多年间，罗马共和国经历了初期、中期和晚期不同的历史阶段。

初期经历了驱逐国王后最初的"罗马骚乱"年代。期间因为贵族与平民的深刻矛盾，在平民权益受到严重侵害的情况下，发生了两次平民拒绝参加保卫罗马战争的大型民暴运动，史称第一和第二次撤离运动。在第一次撤离运动的推动下，贵族对平民作出妥协，罗马人迎来了罗马法的诞生。中期经历了由小国向大国的演变。这期间罗马共和国先后在前辈战胜拉丁同盟中的一些城市和伊特鲁里亚人近邻的基础上，又征服了意大利半岛南部的土著和希腊人的城邦。紧接着，从公元前264年到公元前146年罗马和迦太基之间为争夺地中海沿岸霸权发生了3次战争和穿插期间的4次马其顿战争（前215—前148）。经过这些战争，罗马征服了马其顿并控制了整个希腊。又通过叙利亚战争和外交手段控制了西亚的部分地区。同时，在第三次布匿战争中（前149—前146）罗马经过长期围困迦太基城，最后迦太基战败，成为罗马的一个行省。至此，罗马建成了一个横跨非洲、欧洲、亚洲，称霸地中海的大国。

罗马共和国从公元前146年到公元前27年的100多年间，是罗马共和

国的晚期。这是一个群星璀璨、风云汇聚的时代。这时罗马社会的各种矛盾日益激化，出现了多次大的奴隶起义。同时，各种社会政治力量在彼此的争斗中涌现出了许多风云人物，这些无疑都影响着罗马国家政体的走向，最终推动国家政治体制发生了巨变，由共和制最终转向了帝制。

罗马共和国风云汇聚的年代，实际上是这个国家经历一系列危机的年代。这个时期共和国社会的风雨一直没有停息过。先后发生了西西里奴隶起义和斯巴达克奴隶起义，形成了破产农民与大地主的斗争；无权者和当权者的斗争；骑士派和元老派的斗争，史称内战时期。两次大的奴隶起义，一方面揭示了已经进入奴隶制的罗马，奴隶与奴隶主的阶级矛盾已经不可调和；另一方面揭示了在经历两次重大历史事件后，奴隶主阶级的代表——元老势力受到了沉重的打击。在这两次重大事件的背景下，罗马社会政治风云迭起，各路群雄争斗，演绎了一场又一场的政治悲喜剧。

政治风云最先始于格拉古兄弟的改革运动。兄弟二人中的长兄叫提比略·格拉古，他在公元前133年被选为护民官。此前兄弟二人在从军远征和接触平民的社会实践中，深深体察了下层民众的生活疾苦，遂自愿为民请命并致力于改革。他们的目标是限制元老侵夺征服所得的国家土地，把限额以外的公土收回再分配给破产失地的贫穷平民。他们的行为触动了元老当权派的切身利益，于是他们雇佣一批流氓打手，在保民官选举会场上大打出手。结果兄长提比略·格拉古于公元前132年在争取连任保民官时被活活打死在选举会场。哥哥被害后，弟弟盖约·格拉古继续斗争，又于公元前121年被害，同时被屠杀的平民达3 000人之多。这次改革虽告失败却拉开了反元老斗争的序幕。

格拉古改革以后，斗争更加复杂，民主派拥戴平民出身的军事将领马略，先后7次选举他出任执政官。公元前2世纪马略大胆地进行了军事改革，把罗马军队的公民兵制改为雇佣兵制。士兵长期服役，终身追随一位主帅，遂使各派将领拥有了自己的军队，政治斗争遂演变为军事斗争。马略政治上虽然没有大作为，但他却成了反元老各方力量的一面旗帜。马略在主要助手秦纳的帮助下和元老对峙达数十年之久，双方大打内战。元老院在与马略的对峙中重用了另一位军事将领苏拉，他阴险毒辣，拥有实力后，与马略派轮番作战，内战越打越大。公元前83年，苏拉率部从小亚细亚打回意大利，意欲彻底剿灭马略派占据的罗马（此时马略和秦纳皆已去世）。沿途战斗异常残酷，死者达10万之众。次年攻入罗马后，他屠杀了成千上万的马略派人士和平民百姓，罗马笼罩在血雨腥风之中。随后，苏拉被元老院推举为任期无限的独裁官。在元老专横的统治时期，虽然苏拉不久便因病隐退并于公元前78年死去，但此后数年，仍是苏拉余党和元老统治的最黑暗时期。改变这一现状的是公元前73年爆发的斯巴达克起义，这次起义沉重地打击了元老贵族势力，客观上对反元老斗争起到了推波助澜的作用。在镇压斯巴达克起义后，原为苏拉部将的元老势力派人物克拉苏，看到元老势力日渐衰落，立即转向平民并开始讨好马略派的骑士。另一位苏拉的部将庞培也有改辙跳槽的意向，于是他们的眼光共同转向了一位很有胆色的马略派军官恺撒。恺撒是马略的外甥、秦纳的女婿。他打着马略的旗帜，争取群众支持，因此很快便与克拉苏、庞培这两位实力人物联合起来，组成了三人政治联盟（史称前三头）。他们约定克拉苏和庞培帮助恺撒出任公元前59年的执政官，恺撒在任期内则设法通过克拉苏和庞培提出的一些法案。

三人结盟后，恺撒在执政官任期届满后顺利过渡到高卢总督一职。在那里建立了一支完全属于自己的强大军队。恺撒的崛起引起元老院的高度警惕，于是便拉拢庞培，而庞培也觉得恺撒咄咄逼人，加之这时克拉苏已在远征安息之役中战死，庞培也只能和元老院联合起来以求自保，于是出现了恺撒与庞培的火拼。庞培于公元前48年被击溃，逃至埃及被杀，恺撒遂成为罗马唯一的统治者。

恺撒击败庞培后，没有一鼓作气，反倒给了包括元老首领西塞罗在内

的政敌一次喘息的机会。踌躇满志的恺撒此时犯了两个错误：一是他轻视了共和传统习惯势力对身边近臣产生的影响；二是他跑到埃及时和埃及女王克列奥帕特拉大谈恋爱，并生下了一个名叫恺撒里昂的孩子，这就犯了罗马人的大忌。因此，当恺撒紫袍加身被宣布为终身独裁官，并拥有"祖国之父""统帅"和"大教长"等尊称时，在市民中的威望却早已大打折扣了。于是，一个刺杀他的阴谋在亲信中酿成。公元前44年3月15日，恺撒被布鲁图斯与卡西乌斯合谋刺死，建立帝制的斗争出现了一次重大的转折。

恺撒被刺后，西塞罗、布鲁图斯等原来的元老派联合起来组成共和派，力图做最后的挣扎。雷必达、安东尼、屋大维（史称后三头），先后处死了西塞罗和布鲁图斯、卡西乌斯等人，遂成为罗马的全权统治者。随后，在他们三人间的争斗中，雷必达自行引退，安东尼被逼自杀，屋大维从此大权独揽。公元前27年，屋大维获得"奥古斯都"的尊号。由此，风雨汇聚的年代画上了句号。

罗马共和国的统帅苏拉

在罗马共和国末期动荡年代的各种风云人物中，苏拉是一位集著名统帅和独裁者于一身的政治家。他一生充满传奇色彩，频频被"幸运之神"光顾，使其成了一位神奇的历史人物。

苏拉（前138—前78），出身低微，父母是破落农民，因家庭贫困少年时代在乡村度过，没有受到应有的教育。成人后他参加过征服西班牙的战争，因作战勇猛、足智多谋得到了同是出身低微的马略的重用，历任参将和军队的财务官。战后转入政界，先后担任保民官、执政官和西班牙总督。

苏拉的家庭曾经是贵族，只是到了父辈衰败成了一介平民。他从小醉心于文学艺术，酷爱交际，终日混迹于优伶、小偷和娼妓之中。那时的苏拉既羡慕那些达官显贵的官运亨通，家道鼎繁，又对自己的社会地位十分不满，一心想干一番惊天动地的大事以重振家道。后来，凭借一个富有妓女的捐赠和继母的遗产使苏拉的经济状况大为改观。人们立即对他刮目相看，苏拉也借着这个机会进入了罗马的上层社会。

公元前111年，北非罗马被保护国努米底亚的国王朱古达反叛，杀死了许多罗马人。为了维护共和国的尊严，罗马对朱古达宣战，战事多年却毫无结果。公元前107年马略当选执政官后，一反旧制，放弃早已难以实行的兵役财产资格规定，改征兵制为募兵制，招募自由民中的志愿者入伍，于是，罗马诞生了第一支职业军队。这支经过严格训练的军队进入北

非后，连连取得胜利，使朱古达陷入了困境。正是这场战争，给了苏拉一个往上爬的机会。

公元前107年，苏拉以财务官的身份跟随新当选的执政官马略来到了非洲。在朱古达被迫放弃自己的国王地位，逃亡到岳父毛里塔尼亚国王波库斯处避难时，马略为了尽快结束战事然后去抵抗来自罗马北部日耳曼人的入侵，决定派遣苏拉为使者，前往波库斯处劝其交出朱古达，并与罗马结盟。苏拉欣然受命，软硬兼施，终于使动摇不定的波库斯抛弃了自己的女婿而选择了"罗马人的友谊"。就这样，苏拉兵不血刃，擒获了朱古达，结束了这场令罗马人头痛的战争。这一切使苏拉在罗马的身价倍增，同时也为他进入政坛积累了资本。

苏拉运用联姻的方式拉帮结派（招格涅乌斯·庞培为女婿），用贿买平民的手段竞选行政长官，在荣誉和权利上一路凯歌，青云直上，终于与当时权势最大的马略旗鼓相当、分庭抗礼。尽管两人之间的关系紧张，但马略在反击森布里人和条顿人的战争中仍然重用苏拉，在马略第二次任执政官时提拔苏拉为副将，第三次任执政官时又举荐其为保民官。苏拉也确实在这些职务上颇有建树，作为副将他俘虏了泰克托萨基人的首领皮鲁斯，在保民官任上他使马尔西人成为罗马的同盟。

公元前89年苏拉当选为执政官，此时罗马人正陷于意大利同盟战争的旋涡之中而苦苦挣扎。此前一年，公元前90年，罗马人连吃败仗。这一年，两个执政官之一的普布利乌斯·卢提乌斯·卢普斯及其部下8 000人被全歼，马略竭尽全力才逐步挽回了危局。苏拉上任后以狡诈和残酷的手段对意大利人展开了凶猛的反击，在坎佩尼亚，他先后攻陷了斯塔比埃、赫库拉努姆和庞培诸城；在诺拉城，他以同盟军的5万人被杀而取得了又一个血腥的胜利。到此为止，意大利的主要抵抗力量被彻底消灭了。苏拉又一次捞到了政治资本，声望终于超过了马略，两人之间的矛盾逐渐增大。

同盟战争后不久，他们终于为了权力争夺展开了一场残酷的厮杀，而第一次密特里达悌战争成了这场内战的导火索。小亚细亚本都的密特里达悌六世是一位优秀的君王，他不满足于本国处于罗马仆从国的地位，在先后将小亚美尼亚、科尔基斯、博斯普鲁斯道利半岛上的科松和奥利维亚变成本都领土后，又将黑海西岸希腊的殖民城市伊利特里亚、托米和阿波罗尼等也并入了本土。在做好一切准备后，小亚细亚本都军终于在公元前88年攻入了罗马的亚细亚行省，掀起了同盟者反抗罗马统治斗争的序幕。本都的攻势迫使罗马在刚刚结束了与意大利人的战争后立即投入到另一场规模更大的战争中。然而，在讨论有关讨伐本都的统帅人选问题上，罗马的内部产生了分歧。元老院中意苏拉而民主派则拥护马略。公元前88年，在元老院的支持下，苏拉获得了军队的统帅权。可是，苏拉的军队尚未离开意大利，民主派就迫使公民大会作出了撤销苏拉为军队统帅的决议，代之以马略。苏拉闻讯率军进攻罗马城，开创了罗马历史上前方统帅率军反对中央统治的先例。苏拉进城后大杀民主派，马略被迫仓皇逃亡非洲。苏拉迫使元老院宣布马略及其拥护者为国家"公敌"，确立元老院为最高权力机关，规定今后不经元老院批准，公民大会不得通过任何法案，并把其拥护者增补为元老。

公元前87年，苏拉再度率军东征。苏拉离开意大利后，执政官秦纳立即要求废止苏拉的一切法令，在遭到苏拉同僚的拒绝后，他只身去外地征集军队。此时逃亡非洲的马略也悄然从非洲返回，在伊特鲁里亚附近集结6 000人的军队与秦纳联合起来重新占领了罗马，开始了对苏拉势力进行全面的报复。苏拉身边的许多政要人物被杀，苏拉反被宣布为国家"公敌"，没收了他的一切财产并推行了一系列与苏拉相对立的改革。

公元前84年，苏拉率领4万军队并携带掠夺来的大量金银财宝返回意大利。经过一番较量后，公元前82年苏拉进入罗马，被元老院宣布为终身独裁者。苏拉以"公敌宣告"的办法杀死或放逐了90名元老、15名高级军官和2 600名骑士，建立了第一个军事独裁政权。此时，共和国的统治形

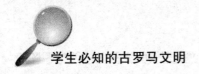

式虽然依然存在，但共和政体的基本原则实际上已经被彻底否定了。公民大会和保民官的权力受到了严格的限制。平民在反对贵族斗争中取得的成果又一次丧失了。300名苏拉的拥护者被选进元老院，元老院的人数增加到600人。同时，苏拉又为他手下服兵役的1.2万名老兵分配了土地，以取得他们对独裁政权的支持。由此苏拉的权势达到顶点，公民大会正式"任命"他为无限期的独裁官，罗马的立法、行政、司法、财政、军事大权都被他掌握。对苏拉本人的崇拜也达到极点，罗马广场上竖起苏拉的镀金像，上面刻着赞美他的语言。

　　正当苏拉权倾罗马的时候，公元前79年，他突然在公民大会上宣布放弃一切官职，退隐林泉，不再过问政治。在发表辞职声明后，苏拉便在新执政官和自己的老兵、侍卫的簇拥下离开会场。公元前78年，他丢下新婚的妻子，在别墅里安静地死去，终年60岁。死讯传开，苏拉的部将和老兵从全国各地赶来，他的遗体在声势浩大的送殡队伍护送下游遍整个意大利，最后在罗马广场举行了极其隆重的葬礼。据说苏拉临终前，给自己留下了这样的墓志铭："没有一个朋友曾给我多大好处，也没有一个敌人曾给我多大危害，但我都加倍地回敬了他们。"

伟大的斯巴达克奴隶起义

公元前78年以后，经过元老派与民主派的反复斗争，在苏拉死后的若干年里，苏拉的余党和元老派贵族势力始终占据着统治地位。在这段罗马历史上最黑暗的年代里，财富不断地流向元老派贵族手中，平民大量沦为奴隶，而贵族们则以奴隶主的身份任意宰割和奴役奴隶。正是在社会矛盾异常激烈的大背景下，公元前73年爆发了罗马历史上规模最大、影响最为深远的斯巴达克大起义。

在公元前1世纪时的罗马，奴隶主们最喜欢的娱乐方式就是观看经过训练的角斗士互相之间或者与猛兽之间进行搏斗，这些角斗士不是倒在同胞的刀下就是成为野兽的食物。身强力壮的奴隶往往在经过角斗士学校培训后被送到大剧场和公开场所彼此角斗，或与野兽搏斗，而奴隶主贵族则在观看角斗中获得满足。角斗士的生活境况十分残酷，他们的一举一动都受到密切的监视，脚上戴着沉重的枷锁，命运注定是死亡。一旦成为角斗士，不啻是缓期执行的死刑犯人。

斯巴达克是巴尔干半岛东北部的色雷斯人，罗马人进兵北希腊时，色雷斯人奋起抗击，斯巴达克参加了抗击罗马侵略者的斗争。在一次战争中，斯巴达克被罗马人俘虏，接着被送到卡普亚城一所角斗士学校成为角斗士奴隶。在学校里，斯巴达克以卓越的武功和高尚的人格赢得了其他角斗士的爱戴。他不甘于奴隶的地位，秘密团结了一批奴隶伙伴，准备以战斗争得自由。在忍无可忍的情况下，斯巴达克向他的伙伴们说："宁为自

由战死在沙场，不为贵族老爷们取乐而死于角斗场。"角斗士们在斯巴达克的鼓动下，拿了厨房里的刀和铁叉，冲出了牢笼。路上，他们正好遇上几辆装运武器的车子，就夺取了这些武器，然后到几十里以外的维苏威火山上聚义。斯巴达克率领70余人在维苏威火山举起义旗，无数渴望自由的奴隶从四面八方云集在他的帅旗之下。斯巴达克依照罗马军队的编制，将起义军编成百人队和军团，并进行了严格的训练，大大提高了起义军的战斗力。在打败了数次罗马军队的进剿之后，起义军迅速壮大。斯巴达克率领起义者在这里安营扎寨，建立起一个巩固的根据地。

许多逃亡奴隶和农民都纷纷前来投奔，斯巴达克的妻子也参加了起义。起义队伍由70余名角斗士很快发展为约1万人，并多次战胜罗马军队的一些小部队。战斗间隙，斯巴达克重新按照罗马军队的形式将自己的部队进行了改编，除有数个军团组成的步兵外，还建立了骑兵、侦察兵、通信兵和小型辎重部队。除夺取敌人武器外，起义军兵营里还组织制造武器。在对士兵进行训练的同时，制定了严格的兵营和行军生活规章，不久就控制了整个坎佩尼亚平原。

公元前72年初，斯巴达克军队已增至6万人。他将部队开向阿普利亚和路卡尼亚，在那里人数达到12万人（据有些史料记载为9—10万）。被起义的巨大规模震惊的罗马元老院，于公元前72年夏派遣以执政官楞图鲁斯和盖里乌斯为首的两支军队讨伐斯巴达克。这时，起义军内部产生了分歧。大部分奴隶包括斯巴达克，根据敌我双方力量的对比情况，认为在意大利本土建立政权比较困难，主张离开意大利，越过阿尔卑斯山进入罗马势力尚未到达的高卢地区，摆脱罗马统治或者返回巴尔干；而参加奴隶起义运动的当地的牧人和农民则不愿意离开意大利，希望继续与罗马军作战，以夺取失去的土地。由于产生意见分歧，3万人的队伍脱离了主力部队，在伽尔伽努斯山下(阿普利亚北部)被罗马军队击溃（死2万人）。斯巴达克闻讯赶来救援，已经来不及了。斯巴达克杀死了300名罗马俘虏，祭奠了阵亡战友的"亡灵"，继续率军北上。公元前72年夏末，斯巴达克的军队沿亚得里亚海岸穿过整个意大利。在高卢省（北意大利）的摩提那会战中，斯巴达克的军队击溃了卡西乌斯总督的军队。起义者受到胜利的鼓舞，同时越过阿尔卑斯山又确有实际困难，于是斯巴达克改变了原来的计划，挥师南下，返回意大利，从一侧绕过罗马，向南方进军。

面对这支驰骋于意大利的起义队伍，罗马统治集团惊慌失措，没有人敢竞选执政官。元老院宣布国家进入紧急状态，最后选任大奴隶主克拉苏统率大军，镇压起义军。公元前72年秋，斯巴达克的军队在意大利布鲁提亚半岛(今卡拉布里亚)集结，预计乘基利基海盗船渡过墨西拿海峡。但海盗不守信用，没有提供船只，斯巴达克自造木筏渡过海峡的计划也未能实现。这时，克拉苏在起义军兵营后方构筑了一道工事，切断了起义军回撤的后路。克拉苏挖的是一条两端通海的壕沟（长约55公里，宽和深均为4.5米）并筑起了土围。起义军大批将士用土和树木填平了壕沟，血战之后突破了工事。但在突围中斯巴达克的军队损失了近三分之二。不久，斯巴达克军队又得到补充(达7万人)，公元前71年春，起义军试图以突袭的方式占领意大利南部的主要港口，乘船渡海驶向希腊，进而返回色雷斯(今保加利亚、土耳其的欧洲部分)。罗马元老院竭力想尽快地将起义镇压下去，分别从西班牙和色雷斯将庞培的大军和路库鲁斯的部队调来增援克拉苏。为了阻止罗马军队会合，斯巴达克决定对克拉苏的军队发起总决战。他用急行军快速将部队开向北方迎击克拉苏，在阿普里亚省南部的激战中，斯巴达克的军队虽然在数量上比罗马军队少得多，但他们仍然英勇战斗。斯巴达克身先士卒，骑在马上左冲右突，杀伤两名罗马军官。他决心杀死克拉苏，却因为大腿受了重伤，只好在地上屈着一条腿继续战斗。最后在罗马军队的疯狂围攻下，6万名起义者战死，斯巴达克也壮烈牺牲。6 000名俘虏被罗马人钉在从罗马城到加普亚一路的十字架上。战斗中约有5 000名斯巴达克起义军突破包围逃往北意大利，不幸在那里被庞培消灭。

斯巴达克起义虽然失败了，但却沉重打击了罗马元老的政治势力。斯巴达克起义对奴隶解放与自由运动是一次巨大的推动，在奴隶争取社会解放的斗争史上留下了不可磨灭的遗迹。斯巴达克在起义中表现了英勇的斗争精神和卓越的军事才能，他是这次奴隶起义中一位最杰出的英雄，由此赢得了后人的景仰和赞颂。

庞培、克拉苏与恺撒结"前三头"同盟

　　格涅乌斯·庞培(前106—前48)，古代罗马共和国末期著名的军事家和政治家。庞培出生在罗马城一个骑士之家，其父斯特拉波·庞培是罗马共和国的一名杰出的统帅。

　　庞培青少年时期受过良好的教育，由于受到家庭的熏陶，他酷爱军事，17岁时就随同父亲一起镇压意大利人的起义。

　　公元前87年斯特拉波·庞培遭雷击死去，庞培继承了父亲在皮凯努姆的地产，并在那里生活了6年。这期间，正值马略和苏拉为争夺罗马最高权力而进行内战，庞培意识到苏拉将在这场争斗中占据优势，于是他不辞艰辛，走遍邻城招兵买马，在很短的时间内，招募了一个军团。在赴苏拉军营途中，屡次冲破马略部下的阻拦，还缴获了大批的武器和战马。苏拉看中了军事上崭露头角的庞培，把年仅23岁的庞培看成是自己的有力助手。

　　公元前82年，苏拉夺得罗马政权实行独裁。庞培为了密切与苏拉的关系，抛弃了自己的妻子和苏拉的女儿结婚，婚后不久，庞培就奉苏拉之命去夺取西西里岛。由于驻守该地的马略部将未加抵抗，庞培轻易就占领了该岛。

　　占领西西里不久，庞培被苏拉派去非洲同马略残部努米底亚人作战，庞培仅用40天时间就占领了努米底亚，征服了非洲。

　　非洲之功大大地提高了庞培在罗马的声望。战后不久，苏拉出于戒心，命他立即解散军队，率领一个军团返回乌提卡等待接替者。庞培拒绝解散军队，全副武装出现在罗马城下并要求苏拉为其举行凯旋式。苏拉破

例于公元前81年为其举行非洲之战凯旋式，并授予其"伟大"之称。

公元前78年苏拉病死。执政官雷必达（老雷必达）立即废除了苏拉的宪法，元老院宣布雷必达为"国家公敌"，派庞培进行镇压，他轻易就取得了胜利。第二年夏，庞培又奉元老院之命讨伐在西班牙的另一民主派领袖塞尔托里乌斯，讨伐中庞培没有占到便宜。在公元前75年的苏克罗镇大战中，庞培军一败涂地，本人身负重伤，险些被俘。接着在塞恭提亚之战中，庞培军又接连失利。只是由于公元前72年后，塞尔托里乌斯的一些部将和士兵哗变，塞尔托里乌斯被其部将杀害，才给了庞培转败为胜的机会，最后平定了塞尔托里乌斯运动。

在西班牙取得胜利后，公元前71年，庞培奉元老院之命，回国增援正在镇压斯巴达克起义军的克拉苏。庞培赶来时，起义军主力已被克拉苏消灭，余下的5 000起义者从战场突围出来冲向北方，庞培残忍地屠杀了这些斯巴达克的余部。

公元前70年罗马政局开始朝着有利于民主运动的方向发展。庞培看到苏拉派逐渐失势，民主派声势大增，便见风转舵，倒向民主派。同年庞培和克拉苏当选为年度执政官，他们颁布和实施了一些有利于平民的政策，如恢复苏拉统治前的公民大会和保民官权力等等，这些措施换取了罗马人民的好感。

公元前60年，地中海的海盗活动猖獗。公元前67年，罗马出现粮荒，人们认为这是海盗活动所致，强烈要求采取紧急措施。公民大会任命庞培为剿匪司令官，授予前所未有的广泛权力，限期3年内肃清。

庞培面对地中海海域辽阔而海盗神出鬼没的情况，制定出分片包抄战术。很快在武力与怀柔政策的两手作用下，消灭了长期盘踞在地中海沿岸的海盗，使多年来停滞的海上贸易得到了恢复，意大利和地中海沿岸各国的安全有了保证，地中海的控制权重新归于罗马。

公元前66年初，公民大会通过保民官马尼利乌斯的提案，任命庞培为同本都国王密特里达悌六世作战的统帅，取代同本都国王交战已获重大成果的鲁库鲁斯并接管其军队。庞培来到东方后，首先同本都国王进行谈判，要求无条件投降，遭到拒绝后，他立即率部围攻，断其粮道，逼其投降，最后本都国王无可奈何率精兵突围出去。庞培领兵穷追猛打，在幼发拉底河上游他追上并击溃了密特里达悌六世的军队。公元前63年密特里达悌六世服毒身亡，庞培胜利地结束了密特里达悌战争。战后他把比提尼亚和本都合并为罗马行省，后来又吞并了叙利亚。他在小亚细亚、巴勒斯坦到处活动，进行干涉；并在加拉太、卡帕多基亚和犹太扶植了新的国王，使东方一些国家处于罗马的奴役之下，庞培本人成为东方一些王国的"王中之王"，他的权力和威望达到顶峰。

公元前62年，庞培满载着东方的战利品返回罗马。由于元老院疑忌他的狂独，拒绝批准庞培在东方所作的制度安排，促使他与恺撒、克拉苏秘密往来。公元前60年他们三人结成联盟，史称"前三头同盟"。经三股势力的不断活动，庞培在东方的制度安排得到批准。为了更好地勾结和利用恺撒，年过40岁的庞培娶了恺撒年仅14岁的女儿尤利娅为妻。

"三头同盟"结成后，虽然暂时缓解了政坛矛盾，但这个同盟仅仅是三头为实现个人独裁而组成的临时结合体。恺撒的实力和声望因在高卢的军事胜利而不断提高。庞培为了对抗两头，特别是对抗恺撒便逐渐向贵族派靠拢。公元前56年，三头为缓和矛盾在路卡举行会谈，达成协议，庞培与克拉苏任公元前55年的执政官，任满后分别为西班牙和叙利亚总督，恺撒在高卢的权力则延长5年。但是，庞培在公元前55年任满之后，将自己的军队和西班牙委托给副将管理，自己始终坐镇罗马。

公元前53年克拉苏死于帕提亚战争，宣告了"前三头同盟"的结束。庞培和恺撒的关系因尤利娅的死亡也告断绝。

当时，罗马政局动荡不安，对抗元老院的情绪日益增强。元老院为了平定骚乱，只能在庞培与恺撒之间挑选一人。元老院意识到庞培绝非理想的人物，然而恺撒在骑士、平民中有深厚的基础，加上恺撒军事力量的激

增使元老贵族更具戒心，元老院不得不与庞培言归于好。元老院授权庞培为唯一执政官任期两个月，其权力几乎和独裁官相似。

庞培上任后，迅速从意大利调集军队，很快把平民暴动镇压下去了。为了维护贵族派利益，公元前53年庞培怂恿元老院颁布法令，剥夺恺撒兵权。于是，庞培和恺撒最后公开决裂。

公元前49年1月，恺撒从意大利东北方向罗马进军，新的内战大幕终于拉开。元老院宣布全国处于紧急状态，宣布恺撒为"公敌"，命令庞培在意大利招募新的军团，庞培把恺撒的拥护者和两名保民官逐出城外。1月10日，恺撒以"保卫人民夙有权力"为名，渡过鲁比肯河，迅速迫近罗马，此时庞培的征兵工作尚未完成，不得已他和大部分元老封闭国库，仓皇逃往巴尔干。

庞培放弃意大利后，寄希望于他的海上部队和隶属于罗马的东方各国贵族，企图从希腊组织反攻。他在那里集合了11个军团，7 000骑兵以及由600艘战舰组成的舰队。恺撒在占领意大利，肃清西班牙等地庞培的势力之后，于公元前48年发动了与庞培争夺东方行省的战争。开始，庞培军队占据优势，在著名的季拉基乌姆战役中，庞培两次大胜恺撒，大大挫伤了恺撒军队的士气。

公元前48年8月9日，著名的法萨罗战役是庞培和恺撒进行的最大也是最后一次决战。战争伊始，庞培集中所有的骑兵打击恺撒骑兵。恺撒见此情景，立即向早已埋伏的3 000步兵发出进攻信号，于是伏兵突然进击，举起长矛向庞培骑兵的脸上猛刺。庞培骑兵难以招架，狼狈而逃。庞培军左翼彻底溃散，其余军团看到左翼已败，也不战而退，结果全军覆灭。

庞培失败之后，企图在埃及寻求藏身之所。公元前48年9月28日，就在他乘坐的小船靠岸之时，埃及国王托勒密十三世的侍从挥剑向他的脊背刺去，结果了他的性命，终年58岁。

贪婪凶暴的独裁者克拉苏

克拉苏是古罗马共和国末期武将，贵族出身，生于公元前115年，死于公元前53年。克拉苏是"前三头同盟中"的一个特殊人物，他聚财有道，贪婪成性。克拉苏从幼年到成人期间的资料极为少见，但从有限的资料中我们可以看到一个集伪善、贪婪、残忍、凶暴于一身的政治掮客的多面性格。

成名前的克拉苏就以头脑灵活著称。在当时，罗马社会视商人为卑贱的小人，贵族以和商人往来为耻。克拉苏为了发财，"全然不顾廉耻"，效法商人的行径从事奴隶贸易、矿产经营并投机地产，由此迅速积累了巨大的财富。

克拉苏性格中最突出的特点之一就是表面上与人为善。据记载，无论对方是议员、将军、还是谁也不想多看一眼的奴隶，克拉苏都能报以笑脸，并给予力所能及的帮助。这使克拉苏赢得了政治角斗中最大的一笔资本。

克拉苏性格中的另一个侧面就是具有惊人的政治头脑。公元前82年，苏拉当选为终身独裁者，克拉苏准确地预判了苏拉的政治前景，于是他不遗余力地支持苏拉，帮助苏拉取得了政治上的绝对统治地位。正是由于克拉苏的全力支持，苏拉得以控制了罗马的局面，同时克拉苏也赢得了这位暴君的信任和重用。这次政治赌注，克拉苏成了最大的赢家，他一跃从名不见经传的小人物，变成了呼风唤雨的大人物。

克拉苏的残忍凶暴主要表现在他对斯巴达克起义的镇压上。公元前73年—公元前71年，震惊世界的斯巴达克大起义爆发了。公元前73年，起义军从维苏威火山上起义初始的70人，很快在第二年到达阿普利亚和路卡尼亚时发展为12万人。此时，克拉苏被元老院授予终身独裁官的权力。在镇压起义的过程中，他先是在起义军兵营后方构筑了一条两端通海的壕沟，并筑起土围，切断了起义军撤回意大利的后路，起义军虽然突破了他的围剿，但却在突击中损失了绝大部分兵力。接着在公元前71年，当起义军试图以突袭的方式占领布尔的西港，进而乘船渡海返回色雷斯时，克拉苏率部在阿普里亚省南部的战斗中死死拖住了起义军的脚步。正是在这次战斗中，起义军6万多将士战死，奴隶起义领袖斯巴达克惨死在他的手里。

战争结束后，战场上尸横遍野。当一名军官向站在山坡上的克拉苏询问如何处置6 000名奴隶时，他冷冷地告诉部下："全部钉死在罗马通往卡普亚的大路两旁"。这就是残暴的克拉苏。

镇压斯巴达克起义后，这个沾满起义将士鲜血的刽子手，并没有从镇压奴隶起义中得到应有的荣耀。罗马贵族元老院只为他举行了一次小凯旋式，与此同时，庞培却得到了盛大的凯旋式。尽管他心中充满嫉妒和不满，但却只能忍气吞声，因为他知道自己还无法与庞培抗衡。

斯巴达克起义平息之后，罗马的权力真空很快被3名实力派人物填充：靠镇压斯巴达克起家的克拉苏，凭借剿灭海盗和胜利结束密特里达梯战争的庞培和野心勃勃的破落贵族恺撒。这时克拉苏与庞培虽然彼此钩心斗角，但出于政治需要，又不得不互相利用，携手合作。通过一系列的紧张活动，他们很快一同当选为公元前70年的执政官。这时候罗马、意大利以及各行省地区反苏拉派的势力日趋强大起来了，于是克拉苏与庞培立即背弃了原来的主子转而讨好骑士和平民，以争取更多人的支持。他们先后恢复了苏拉独裁时期废除的保民官权力和监察官职位；打破元老院对法庭的垄断，把一部分权力退还给骑士；恢复苏拉取消的亚洲行省的包税制等等。

公元前60年夏季，克拉苏与庞培、恺撒缔结秘密协定，组成了著名的"前三头同盟"，很快就成了罗马事实上的统治者。经过4年合作，三头内部克拉苏与庞培的摩擦不断增加，三头同盟随时有破裂的危险。公元前56年，恺撒建议举行会谈。会谈前，恺撒同克拉苏事先在拉文那碰头，然后在路卡城举行了正式会议。经过一系列的妥协商议，巩固了三头政治。会议决定克拉苏与庞培在恺撒的协助下，竞选第二年的执政官，任满二人再出任行省总督，按抽签结果分别治理叙利亚与西班牙。

公元前55年度的执政官选举时，元老贵族的代表小加图与多米提乌斯不买克拉苏与庞培独裁行为的账。于是，当多米提乌斯等人前往罗马广场演说时，被克拉苏和庞培的打手一阵棍棒赶了出去。克拉苏和庞培随即宣布自己为执政官。不久后，三头同盟宣布恺撒任高卢总督的任期延长5年，克拉苏和庞培则就在行省的任职进行了抽签。抽签的结果是，克拉苏得到了叙利亚，这使他的政治贪欲得到了满足。公元前54年，喜出望外的克拉苏没等到执政官任期届满，便匆匆赶往亚洲，准备对帕提亚开战。

战争初始，克拉苏颇为得手，一时间他洋洋得意，自信傲慢。公元前53年，克拉苏再次集结军队。帕提亚国王派来使臣劝他不要轻举妄动。克拉苏傲慢地对使臣说道："回去告诉你们国王，我将在你们的王城塞列乌凯亚回答他对我的指责。"不久，战幕拉开，克拉苏率领7个军团，8 000名骑兵再次渡过幼发拉底河，直扑塞列乌凯亚。迎战克拉苏的帕提亚统帅是足智多谋的苏列那。他采取诱敌深入的作战方针，将罗马军队引入了无树无水、一望无垠的荒原。干渴和饥饿笼罩着罗马军队，士兵们个个怨声载道。在辽阔的荒漠中，拥有骑兵优势的帕提亚人首先发动了进攻，眼见大军受到冲击，克拉苏命令自己的儿子率军冲锋，掩护主力转移。但小克拉苏却中了帕提亚人的埋伏，全军

覆灭。克拉苏的大军拥挤在一条狭窄地带,动弹不得,伤亡不断增多。夜幕的降临,给了濒于绝望的罗马人一个喘息的机会,他们遗弃了4 000多名伤病员,连夜逃到卡勒城。第二天,帕提亚人杀死了罗马大军丢下的伤兵,继续追击。罗马军弃城而出,边战边撤,爬上了一座山。尾随而至的帕提亚大军在山下列开阵势,苏列那来到阵前,声称要与克拉苏进行停战谈判。早已厌战、毫无斗志的罗马士兵和将领,一致要求克拉苏下山去见苏列那。迫于无奈,克拉苏只好带着随从侍卫前往。刚进苏列那的军营,帕提亚人蜂拥而上,克拉苏和侍卫顷刻间全部被砍倒在地。惊魂不定的罗马军队一听到主帅被杀,早已乱作一团,四散逃命,很快就被帕提亚人歼灭了。异国荒野成了骄横一世的克拉苏最后的归宿。

"半神之人"恺撒大帝

　　盖乌斯·尤利乌斯·恺撒（前102—前44）是罗马共和国末期杰出的军事统帅、政治家。历任财务官、祭司长、大法官、执政官、监察官、独裁官等职。所谓"半神"恺撒，是因为公元前45年元老院授予了恺撒无数的荣誉与权力，他成了事实上的大独裁者，因而被尊称为"半神"。

　　恺撒从小就豪气大方，步入政坛后又一贯为追求政绩而广散家财，由此网罗了一大批下层平民的人心，积累了雄厚的政治资本。他野心勃勃，风流浪漫，在树立了许多政敌的同时也招来了许多非议，而独裁与野心最终葬送了他的性命。

　　公元前102年7月13日，恺撒出生于罗马，他因父母都出身于纯粹的贵族家庭，由此获得了很好的荫庇。

　　7岁时，恺撒就被送进了贵族子弟的学校，很快他就成为非常优秀的学生。恺撒小时候最崇拜的人就是他的姑父——马略，他常常缠着姑父讲在外出征打仗的故事。

　　恺撒的崛起，始于苏拉的独裁时期。公元前84年，恺撒与马略派执政官秦纳的女儿科涅利娅结婚。公元前82年，苏拉进入罗马后要求恺撒与科涅利娅离婚，他顶住了压力。其后又为其姑母（马略之妻）举行了盛大的葬礼，并在葬礼上抬出马略像游行。这一举动轰动了罗马，随后，他被罗马人奉为马略派的后起之秀。

　　早在苏拉进入罗马前，恺撒就被选为罗马城朱庇特神庙的祭司，

公元前82年，祭司之职被苏拉罢免。去职后的恺撒，离开罗马去了亚细亚行省，在那里他当了一名军官。公元前78年，苏拉去世，恺撒回到了阔别数载的罗马。他立即全力投入到了反对苏拉的斗争中。由于他的控告和演说十分出色，很快在罗马城再次赢得了荣誉。

公元前76年，恺撒再次踏上了前往东方的旅程。次年，拜师在雄辩大师阿波洛尼奥斯的门下。公元前74年，他返回罗马，期间做过祭司、军事保民官和市政官。在任市政官期间，乐善好施的恺撒大兴土木，一改罗马旧貌，赢得了罗马市民的称赞。但他自己却在这个职位上因散尽家财而破产了。

公元前69年，经过选举恺撒顺利当选为财务官，从此便踏上了通往罗马共和国最高权力的阶梯。公元前63年他先后当选了祭司长、大法官两个职务。在同一年中获得两个职务本身已经说明他在罗马上升到了权势很高的地位。

公元前61年，大法官任期届满，恺撒得到了西班牙行省总督的职位，开始向更高的权位进发。在西班牙期间，他招兵买马扩充实力，大刀阔斧地征讨那些不愿臣服于罗马的部族。为了竞选公元前59年度的执政官，未等新任西班牙总督抵达，恺撒便赶回了罗马。当时，罗马的政局一直被贵族元老院所控制，这些人在罗马公民权问题上推行落后保守的政策。他们一方面拒绝承认罗马城区以外、意大利各地和海外行省自由民的公民权；一方面却要这些没有公民权的人同样担负罗马自由公民的义务。恺撒对此非常反感，所以当他于公元前60年返回罗马时，元老院处处为难他。此时，罗马城内的另外两个要人庞培和克拉苏也与他一样积极反对元老院，只是单枪匹马，都无法与元老院抗衡。于是恺撒受庞培与克拉苏之邀，共结秘密联盟，史称"前三头同盟"。三头同盟中，以庞培威望最高，他曾先后平定过西班牙起义，消灭过地中海上的海盗，并征服了小亚细亚。经过深思熟虑，恺撒决定把已经订婚的女儿许给庞培。这一手果然灵验，不但三头同盟巩固了，而且也使恺撒顺利的当选了罗马的执政官。

恺撒执政官到期后，即以总督身份于公元前58年率部向高卢（现今北意大利、法国、比利时等地的区域）进军。公元前56年4月，当恺撒忙于高卢战争时，三头再次聚会，约定克拉苏在叙利亚地区、庞培在西班牙、恺撒在高卢各自发展自己的势力。

恺撒按照约定的计划，从公元前58年起，以近八年的时间远征高卢。恺撒首先击败居住在现今瑞士一带的高卢人，然后与他们结盟，共同对抗更北、势力更强的高卢人。公元前52年，高卢境内的萨尔特人发生叛乱，恺撒花费两年的时间镇压，高卢从此完全纳入了罗马的势力版图。高卢战争使恺撒掌握了一支受过锻炼并效忠于他的庞大军团。公元前52年，罗马平民暴动，庞培被任命为唯一的执政官，率军镇压暴动。平暴后，身为恺撒盟友的庞培，出于嫉妒恺撒在高卢聚集的势力，胁迫元老院命令恺撒必须于公元前49年3月任期届满时解散军队，只身返回罗马，否则就以罗马"公敌"论罪。

公元前49年1月，恺撒在北意大利获悉此事，随即率领身边的军队抵达卢比孔河畔。卢比孔河是恺撒拥有军事指挥的高卢与意大利本土间的境河。渡过这条河就违反了罗马的法律。不过恺撒的心意已决，便率军渡过卢比孔河，恺撒兵不血刃地进入罗马城。进城后，他要求剩余的元老院议员选举他为独裁官，成了名正言顺的统治者。

面对强大的恺撒，庞培匆忙渡过亚德里亚海，逃往巴尔干半岛。恺撒平定了罗马、西班牙和希腊的庞培残部之后，于公元前48年的法萨罗会战中彻底击败了庞培，并为追击庞培来到了埃及。庞培在埃及被杀后，追击庞培的恺撒在埃及遇到了艳后克列奥帕特拉，在与她生下一子后，恺撒于公元前46年返回罗马。他再次召集军队，攻打逃至北非与努米底亚王犹巴结成同盟的庞培余党，在塔尔索斯会战中获得了完全胜利。之后，恺撒回

到罗马，举行长达10天的凯旋式。公元前44年，恺撒宣布自己为终身独裁官。

恺撒独裁后，进行了一系列改革，其范围之广令人吃惊。凡此行为，引起了共和派的不满，认为恺撒终将称王，于是策划谋杀恺撒。

参加反对恺撒阴谋的大约有60多人，包括卡西乌斯、布鲁图斯在内。公元前44年3月15日，一群元老叫恺撒到元老院去读一份经人做过手脚的陈情书。恺撒在读这份假陈情书的时候，卡斯卡把恺撒的外套给解开，然后用刀刺向他的脖子，接着包括布鲁图斯在内的所有人都开始刺向恺撒。一身霸气的恺撒，就这样被人杀害了。

阴谋者本想把他的尸体投入台伯河，但慑于执政官马克·安东尼和骑兵长官雷必达的势力而没有这么做。

恺撒死时58岁，死后按照法令列入众神行列，被尊为"神圣的尤利乌斯"。恺撒是罗马帝国的奠基者，故被一些历史学家视为罗马帝国的无冕之王，有"恺撒大帝"之称。

同盟传奇续写"后三头"

后三头同盟指公元前44年恺撒被刺后，继之而起的执政官安东尼、骑兵长官雷必达和屋大维的三人同盟，史称"后三头同盟"。

马克·安东尼（前83—前30）是一位古罗马的政治家和军事家。他是恺撒最重要的军队指挥官和管理人员之一。马尔库斯·埃米利乌斯·雷必达（前89—前13或前12）是古罗马的贵族政治家。盖乌斯·屋大维（前63—14），又名奥古斯都，是罗马帝国的开国君主，统治罗马长达43年。屋大维是恺撒的甥孙和养子，亦是被正式指定的恺撒继承人。

恺撒的遗嘱是按照其岳父的要求，在马克·安东尼的家中启封宣读的。这份遗嘱是在前一年的9月13日立下的，并一直保存在维斯塔贞女祭司长手里。在这份遗嘱中，恺撒指定自己姐姐的三个孙子为第一顺序继承人，德基摩斯·布鲁图斯为第二顺序继承人；指定屋大维为自己的家庭成员，将自己的名字传给他，并将其财产的3/4给他；其余1/4的财产由鲁基乌斯·皮那留斯和克文图斯·佩蒂尤斯分享。同时恺撒为自己可能出世的孩子指定了监护人，在监护人和继承人中居然还有几个是参与阴谋的凶手。此外，他还把台伯河的花园留给人民公用，并赠予每个公民300塞斯特尔提乌斯。

恺撒死后，罗马政局又趋动荡。布鲁图斯和卡西乌斯的行为并未受到欢呼，反而受到众多在恺撒掌权时得到好处的民众的指责。他们纷纷指责共和派元老贵族心目中的"杀暴君者"——布鲁图斯和卡西乌斯为凶手，

为恺撒复仇的声浪此起彼伏，以至于布鲁图斯和卡西乌斯在罗马竟难以容身，不得不连夜出逃。

阴谋刺杀恺撒的人中间，几乎没有谁在他死后活过3年的。所有人都被判有罪，并以不同方式死于非命：一部分人死于海难，一部分人死于屋大维和其他恺撒部将随后发动的战争中，也有一部分人用刺杀恺撒的同一把匕首自杀。

在为恺撒洗罪和复仇的斗争后，一个年轻有为的政治明星冉冉升起，这就是盖乌斯·屋大维。

屋大维是恺撒的甥孙（其姊之孙），被恺撒收为养子并指定为继承人。

当初，安东尼和恺撒派的将领对这个从外地闻讯赶来奔丧的青年人相当轻视，然而屋大维却非同凡响，胆略兼备。他知道恺撒的声望和财产已成为自己的有力武器，遂收揽人才，扩充实力，拉拢民众，居然顶住了安东尼的排挤打击而自立门户。西塞罗和元老院从此也对他另眼相看，并利用他来对抗安东尼。

公元前43年春，安东尼在出任高卢总督的要求遭元老院拒绝后，马上诉诸武力。他派兵抢印夺权，将原高卢总督围困于穆提那城。元老院即和屋大维一起出兵解围，安东尼败北，退出北高卢后和恺撒派另一重要将领雷必达联合。屋大维得胜后受到元老院排挤，多次要求担任执政官皆遭拒绝，只好兵临罗马强行当上执政官。这种情况下，屋大维、安东尼和雷必达终于在公元前43年秋结成"后三头同盟"。三方协议分治天下5年：安东尼统治高卢；屋大维控制非洲、西西里与撒丁尼亚；雷必达掌控西班牙；意大利和罗马则由三人共治。至于东方，由于尚在布鲁图斯和卡西乌斯的控制之中，归安东尼与屋大维处置。

与"前三头同盟"秘密结盟共同对付元老院不同的是，"后三头同盟"是通过军事实力迫使元老院和公民大会认可的，是元老院赋予他们5年间处理国家事务的合法权利。三头同盟取得合法地位后，立即在"为恺撒报仇”的名义下，发布了公敌宣告。在这场报复的浪潮中，包括西塞罗在内的300名元老和2 000名骑士丧命。公元前42年，安东尼和屋大维进军希腊，与共和派军队进行了腓力比战役，结果布鲁图斯和卡西乌斯兵败自杀，共和派的势力被彻底摧毁。

公元前40年，后三头在肃清政敌后再次划分势力范围：安东尼控制罗马东部地区，屋大维统治意大利和高卢，雷必达统辖北非。屋大维坐镇罗马，逐渐和元老、骑士等上层统治分子取得妥协，又以公民领袖自居，渐渐积累了雄厚的实力。公元前38年，三头成员通过《塔伦图姆条约》再次结盟，并获得了又一个5年的统治权。这时的屋大维已实力大增，公元前36年，他利用雷必达的兵力消灭了西西里庞培的残余势力，接着又利用雷必达的一次错误剥夺了他的军权，只保留了最高祭司的宗教头衔，雷必达退出政界隐居。至此“三头同盟”变成了两强对峙。

安东尼继承了恺撒的弱点，在东方步恺撒的后尘，正式与克列奥帕特拉结婚，并宣称要把他统治下的领土赐予克列奥帕特拉之子，这些丑闻为屋大维反对安东尼提供了最好的炮弹。公元前32年三头分治协议5年期满时，屋大维和安东尼公开决裂。屋大维以武力迫使亲安东尼的两位执政官和300名元老东逃，并让元老院和公民大会宣布安东尼为“祖国之敌”，向埃及女王宣战。罗马内战的第二阶段正式开始。

公元前31年9月，屋大维与安东尼大战于希腊的阿克兴海角。此役双方旗鼓相当，交战初期胜负难分，但督战的克列奥帕特拉却在战斗最激烈的时候率埃及舰队撤退回国，安东尼追随而去，全军遂告瓦解。阿克兴的胜利奠定了屋大维主宰帝国全境的权势，成为恺撒事业的真正继承人。公元前30年夏，屋大维进军埃及，包围亚历山大里亚，安东尼拔剑自刎。克列奥帕特拉被俘后仍想施展故技迷惑屋大维，但屋大维作为恺撒的继承人并未继承恺撒迷恋美色的弱点，克列奥帕特拉悲叹自己“无用武之地”，只好自杀。托勒密王朝灭亡，埃及被并入罗马。至此“后三头同盟”宣告

覆灭。

　　"后三头同盟"解体后，屋大维在国家制度上保存了共和的外衣，没有恢复公开的军事独裁制度。他把自己称为"第一公民"，意即：元首。

　　公元前27年，屋大维获得元老院赠予的"奥古斯都"尊号，从此罗马共和国的内战正式宣告结束。

奥古斯都开创元首制

"奥古斯都"屋大维是首位具有帝国思想的政治家。他结束内战，重建和平，给帝国带来了新的希望和新的机遇。为了不触犯罗马的共和传统，屋大维创造性地以"元首"代替了"皇帝"，创建了元首共和制帝国。从此罗马的统治披着民主共和外衣，行专职独裁之实。在古代，专制帝国要比共和国更有效率，因此元首制帝国使罗马更加强大，文化也达到了极盛。

安东尼死后，三巨头便只剩下了屋大维，他成了罗马最有权势的人。屋大维执掌罗马大权后，获得了终身保民官（公元前30年）、大元帅（公元前29年）、元首（公元前28年）等头衔。在公元前27年1月13日，屋大维在元老院发表精彩演说，表示要把自由和共和国还给元老院，本人愿退隐田园。当然这是假的。但他在元老院中的亲信深知其意，于是纷纷充当"配角"，恳求他收回成命。在元老们的极力劝说下，屋大维只好"为了罗马国家的安宁和人民的幸福"，继续执政。所以，元老院又给了他一个"奥古斯都"（意为至尊至圣）的头衔，使他名正言顺地登上了帝国权力的顶峰。之后他又获得"大祭司""祖国之父"等尊号，成为罗马帝国的第一个皇帝。

内政改革

元首"御前会议"，拉丁文为"Concilium Princepium"，直译为"第一

公民的辅佐机关"。从名字上我们能够了解，这是以第一公民为中心的一个管理机构。这一机构大致创立于公元前27年，其成员包括：元首本人，执政官、行政长官、财务官等共和制官职各1名，再加上由抽签产生的元老院元老15名。公元前13年以后，元首"御前会议"成员及其产生程序略有改变，其中元首家族3人成为这个"会议"的永久成员，原抽签选出的成员改为元首亲自圈选，不必经元老院同意。奥古斯都在这个会议中的地位更加巩固。

元首"御前会议"与元老院的决议具有同等效力。元首"御前会议"成员全年无休，能迅速形成决议，作出决定，管理效率明显提高。随着元首"御前会议"作用的增强，元老院的地位自然下降。元老院的定期会议也变成了每月两次，分别于初一和十五召开。

行省的治理

罗马行省历来都为元老院掌控，由元老院派遣总督对它进行治理。公元前27年，屋大维接受了一个"大范围"行省总督职权，元老院把部分行省委托给他治理。这样，按照不同的治理模式，我们可以将罗马帝国分成四个部分。它们分别是：

第一，从阿尔卑斯山到麦散那海峡的意大利本部；

第二，由元老院任命总督的行省，或称元老院行省；

第三，委托元首治理的行省；

第四，属于奥古斯都个人管辖的埃及行省。

在奥古斯都时期，对帝国进行最有效的治理方法就是将帝国分成元老院省和元首省。这一划分既有利于照顾元老院的共和情怀，也有利于迅速解决帝国内部所面临的急需解决的问题；既明确了各行省的疆界，保证了各行省内部的安全，又使元首牢牢地掌控了军权，避免了共和末期长时间存在的军阀混战的局面。

军事改革

设立常备军是奥古斯都军事改革的最大举措之一。常备军的设立有利于元首加强对军队的控制，克服将领们拥兵自重的局面；也有利于克服国家战事临时征召公民兵的尴尬。常备军的设立，使罗马军队的性质发生了明显的变化，此后，参军成了罗马人的一种职业。罗马军团基本上都安置在帝国的边境线上。他们构成了罗马帝国的一道道城墙，为帝国早期和平局面的出现创造了非常重要的条件。

除了正规军团外，奥古斯都还允许将领在各驻防地增招辅军。奥古斯都除了在边疆省份设置正规军团和辅军以外，在意大利则建立了一支近卫军。为了保证罗马城的安全，奥古斯都建立一支由 1 000 人组成的警察队和 7 000 人组成的消防队（主要为公有奴隶和被释奴隶），他们协同近卫军保卫罗马，兼管意大利的城市。此外，奥古斯都还建立了一支常备海军，它们分别以那不勒斯湾的麦散那和以波河口以南的拉文那为基地，从海上协助意大利的保卫工作。为加强对帝国东部地区的统治，奥古斯都还在亚历山大里亚港和赛琉西亚建立了海军基地。

奥古斯都军事改革的最大特点是：在动用大量国家财政的基础上组建一支常备军，从而保障了意大利的安全以及整个罗马帝国边境地区的安宁。罗马常备军制度的建立，使当兵逐渐成了罗马居民谋生的一种手段和一种职业，军队的政治作用日益增大。

文化政策

文化是凝聚人心的纽带和桥梁，是贯彻和落实统治者思想的重要工具

之一。文化建设既是奥古斯都重建工程中的核心工作，也是奥古斯都统一思想、维持帝国和平的重要手段。奥古斯都的文化建设主要包括：恢复共和时代罗马的道德、社会与宗教结构、提倡复活古罗马的价值理念、美德和勇气，重新唤起罗马公民对旧价值观的热爱；歌唱新时代，歌唱新生活，当然更重要的是歌唱给罗马带来新时代和新生活的领袖——奥古斯都。

奥古斯都的文化政策为罗马道德规范的重建起到了舆论宣传和导向的作用，文化的政治威力在这一时期得到了充分的发挥。与此同时，罗马文化也在为政治服务的过程中得到了快速的发展，从而使其达到了空前的繁荣与兴旺。

边疆政策

奥古斯都元首在前所未有地扩大领土以后，终于确定了帝国的疆界。他实行强势的帝国政策，明确行省的管理制度，使罗马的统治区域成为一个完整的整体。在未来的100年间，罗马帝国基本上保持了奥古斯都时代所创立的疆界。

奥古斯都的边疆政策是建立在以下几项原则基础上的：1.认识到所有大国都存在着无法克服的隐患，无限的扩张必然会导致军力、人力和财力的过度支出，而这些支出是一般国家所无法承受的。由于周边已没有可征服的文明国家，因此，罗马不应以大规模地扩张领土为目标，而应以平定境内未顺服的部族为宗旨。2.为巩固帝国边防，需要寻求理想的天然疆界，因而要扩张到有山川可守的地界，向外进军仅以此为目标。3.培养元首的后备力量，给他们以立军功的机会，树立他们在军队中的威望。4.把军队控制在自己手里，以防止尾大不掉现象的出现。

屋大维之死

公元14年，统治了罗马43年的屋大维在巡视南意大利途中病逝，据说他死在他父亲去世的同一间房间，时距他的76岁生日正好还有35天。他的遗体由自治市和殖民地的元老和骑士抬回罗马，最后由元老们肩扛至马尔斯广场火化，他的骨灰由骑士等级中的头面人物赤着脚、衣不束带地收集起来放入他的陵墓。

暴政肆虐"克劳狄王朝"

奥古斯都死后，他的养子提比略继位。在此后的50余年时间里（14—68），罗马先后有提比略、卡里古拉、克劳狄和尼禄四位元首执掌政权。这一时期也被称作"克劳狄王朝"。以下几位元首是罗马历史上有名的暴君。

提 比 略

奥古斯都大帝死后，知识丰富的提比略顺利登基。提比略是"伪君子"的典型代表，他继位之初，努力伪装温和以博得民众好感，地位稳固后大施暴政，直至众叛亲离之境。他表面上提倡严肃的生活和公共道德改良，自己却躲在隐居处肆意放荡。他多疑猜忌，为避免暗杀，置国事于不顾，常年隐居小岛。从各方面讲，他是一个合适的皇帝人选，但他阴郁怪诞、喜怒无常、宠信小人、是实施恐怖政策的暴君。同时，他又是一个纵欲无度的性变态者。提比略继位之后很少外出，待局势稳定之后，他似乎怀念起以前的隐居生活，或许隐居可使公众监督不及，他常常隐居于卡普里岛。在这里，他掩饰起来的种种恶习一下子全部暴露出来。他曾拔出少年们的牙齿，命令他们用齿龈部分啃咬他的下体。他还在卡普里岛上的别墅中建造一个小舞台，将一些年轻男女聚集在那里，演出"指环"的游戏，即男女乱交。他还收藏了不少春宫图，叫人扮演画上的模样供他欣赏。同时，他开始养育很年幼的男童，称他们为"自己的小鱼"。

提比略最为人所诟病的便是他的冷酷无情，这主要指的是他对其亲属的虐待。他无论对自己的亲生儿子德鲁苏斯还是对养子日耳曼尼库斯都没有父爱，他一直竭力贬低日耳曼尼库斯的杰出功绩，后来他虐待日耳曼尼库斯的妻子和孩子。他流放了儿媳阿格里皮娜，因为她直率地道出了不满，当阿格里皮娜谴责他时，他让人打她直至打瞎了一只眼睛。

提比略任用了罗马的20名要人作为他的顾问处理国务，所有这些人除两三人幸免外，其余都被他以各种借口处死了。

后来，他因丑行逐渐暴露而遭非议。他统治罗马近十年，在公元37年，提比略被近军杀死在卡普里岛。

卡里古拉

卡里古拉原名盖约·恺撒，是日耳曼尼库斯的幼子。他生于军营，长于军营，幼小喜欢穿士兵的军靴，在士兵中享有"小军靴"，即"卡里古拉"的绰号。士兵们对他父亲和他都无比爱戴，愿意为他们作出任何丧失理智的事——屋大维死后，他们曾扬言暴动，拥戴日耳曼尼库斯。卡里古拉起初与母亲生活在一起，他母亲被放逐后，便于曾祖母利维亚·奥古斯都（屋大维之妻）一起生活。他从未提起过自己亲人的不幸，对祖父提比略和他一家人百依百顺，以惊人的伪装和冷漠免遭虐待。

卡里古拉勾引了当时近卫军长官马克罗的妻子，允诺将来继位后娶她为妻，在她的帮助下，取得了马克罗的支持。提比略死后，元老院以及强行涌入元老院议事大厅的群众一致同意了将最高权力全部交给卡里古拉，根本没有考虑提比略的遗嘱。公元37年，年仅26岁（或说23岁）的卡里古拉就这样获得了皇位，并立即得到了大多数行省军民和士兵的拥戴。

卡里古拉把元首制的形式改变成专制王权的政体，他施行王政礼仪，要求部下向其俯拜，并且很快神化自己。

　　卡里古拉是个有暴露癖和虐待狂倾向的淫乱者，当政期间，他不务政事，把一切都交给亲信去处理，自己则穷奢极侈，在大肆挥霍中过着让人不齿的生活。据说，少年时期的他就奸污了自己的亲妹妹，可他不但不以此为过，年纪稍大一些以后还变本加厉，和他所有的姊妹都发生了性关系。据说，卡里古拉在他的姊妹中最爱德鲁西拉，尽管德鲁西拉已出嫁，他还是把她夺了回来，公开使其成为自己的合法妻子。他患病时，曾立遗嘱指定她为其皇位和财产继承人。德鲁西拉去世后，他下令举行一个季度的公众哀悼活动，在此期间说笑、洗澡以及和父母妻儿一起进餐都是死罪。他对于他的另两个妹妹很一般，常常把她们供给自己的宠臣玩弄。卡里古拉经常抢夺别人的妻子，一旦他想得到某个女人，不管那女人有没有情人或丈夫，他都会立即把她从她的情人或丈夫身边夺走。据说，他曾在新娘的婚礼时命令立即把新娘带回宫。他最爱的一个妇人便是后来成为他正式妻子的卡桑尼亚，她即不漂亮也不年轻，但由于她极端奢侈和放荡，很合卡里古拉的胃口，他爱她胜过其他女人。更有甚者，他以这样的方式得到的女人被他玩腻了之后，常常被驱逐出他的大门，同时还下令不准任何男人与这些女子发生性关系，否则就要被处死。

　　不能理解的是，与这种独霸女人的心里完全相反的行为也在卡里古拉身上体现出来。比如他曾命令他的一个正式妻子脱光衣服，站在他的朋友和亲信面前，让大家与他一起观赏玩乐。

　　卡里古拉经常粗暴残忍地戏弄各个阶层的人们，他曾命令一些元老穿着长袍跟在他的车后跑了好几里；他曾收买几个元老在另一元老进入元老院时进行突然袭击，指控该元老是公敌，用铁笔戳他，然后让其余人乱刀砍砸，直至死者的四肢碎块、内脏被拖过大街小巷，最后堆到他面前；在剧院提前分发赠券，让贱民占了骑士等级的座位，挑动平民和骑士殴斗；在角斗会上，烈日当空却命令撤掉凉棚，又不让任何人离开座位；有时他还突然关闭谷仓，让人民挨饿；他强迫父亲们赴刑场看处死他们儿子的场面，行刑之后立即邀其中一个父亲赴宴，迫使他说笑行乐；一个骑士在被抛给野兽时大叫无罪，他割断了他的舌头后再抛给野兽。

最令人不解的是，卡里古拉经常公开表示遗憾，他那个时代不曾有任何全国性重大不幸事件，他自己的时代将由于普遍的富裕而受到人们的淡忘，他不可思议地希望自己的军队被击溃或出现饥荒、瘟疫、火灾或地震。

卡里古拉用了不到一年的时间就把提比略留给他的27亿塞斯特尔提乌斯消耗殆尽，他开始转动脑筋采用精心设计的诬告、拍卖和征税来敛财：凡祖先为自己和后代取得罗马公民权的，除了儿子一代，他拒不承认，他解释"后代"只指第二代；如果高级百夫长从提比略即位时起，从未把提比略和卡里古拉列于遗产受赠人，他便以忘恩负义为由宣布遗嘱无效；他举行拍卖会，把价码哄抬得很高，有人被迫买了东西后倾家荡产，有的竟割脉自杀；他征收许多前所未有的新税，甚至妓女接客也要交税，并且即使从良后也不得免交。

这个昏庸无道的暴君统治了罗马3年有余，公元41年的一天，被他的近卫军将士们乱刀剁死。

尼　禄

尼禄·克劳狄乌斯·恺撒，罗马帝国克劳狄乌斯王朝最后一个皇帝，罗马史上出名的暴君。

尼禄从小生活在克劳狄乌斯王朝宫廷之中，在充满了腐朽虚荣和阴谋倾轧的环境里长大。他所受到的不良教养和影响使他早就放荡不羁，完全腐化了。特别是称帝之后，他奉行着"君主所为，尽皆合法"的原则，过着荒淫无耻的生活，不仅他的宫殿，连罗马的街道也都变成狂欢作乐的地方。尼禄当政之初，由于他的放荡和无知，不理政事，实际政治权力控制在他的母亲及其同谋者的手里。尼禄最初还敬畏阿格里皮娜的权势，但也

逐渐怨恨起她对他的控制，而这种矛盾随着尼禄对阿格里皮娜不满情绪的增长越来越尖锐。阿格里皮娜为了专权执政，在她唆使奥克塔维娅控制尼禄的同时，又给尼禄施加政治上的压力，她公开宣称要以布里塔尼库斯来代替尼禄。这一点使得残暴成性的尼禄怀恨在心，他于公元55年，害死了14岁的异父弟弟。这一做法，进一步加深了尼禄母子之间的裂痕。公元58年，尼禄结识了轻狂而毒辣的罗马贵夫人波培娅·萨宾娜（元老院元老、后来的皇帝奥托之妻）。据塔西陀所说，萨宾娜"什么都有：美丽、聪明、财富，样样俱全，可就是缺少一颗正直的心"。在萨宾娜的影响之下，尼禄要求与奥克塔维娅离婚，以摆脱阿格里皮娜的控制。而阿格里皮娜则极力反对尼禄这一行为，并对萨宾娜产生仇恨。这样，尼禄与阿格里皮娜之间的矛盾已到达了不可调和的地步。公元59年尼禄组织了杀害其母的阴谋。他准备在阿格里皮娜乘船的时候将船沉没。但这个阴谋未能得逞，于是他便下令派遣近卫军结果了阿格里皮娜的性命。

阿格里皮娜死后不久，当时能以军事力量控制罗马的布鲁斯也死了；而受克劳狄乌斯委派担任尼禄教师的塞涅卡，也因恐惧尼禄的残暴，退出政界而隐居起来；那些在克劳狄乌斯统治时期富有政治经验，并且任各种重要职务的解放的奴隶也被排斥在政界之外。这样，尼禄上台初期，能给尼禄以影响的人物及其代表的政治势力都已经不存在了。相继而来的便是一些投其所好、百依百顺、并为尼禄所宠信的人。这些人阿谀奉承，助纣为虐，有意放纵尼禄的一切罪恶行为。尼禄肆无忌惮地行其所好，大肆挥霍，终日沉湎于声色犬马宴庆游赏之中，在罗马政治舞台上演出了一幕幕丑剧。

自诩为多才多艺的尼禄从公元59年起开始做公开的演出。他在宫廷中举办极其豪华的赛会，自己则作为朗诵者、歌手、演奏师乃至角斗士登台表演。当他发现罗马人对他的表演技巧和艺术才华不够重视的时候，还在大队的随从的保护与簇拥之下，于公元66年末，到希腊进行公开的演出。他在那里度过了一整年的演出生活。他参加奥林匹克和科林斯赛会，扮演各种角色。由于希腊人对他的艺术才能和精彩的表演给予了足够的热情和赞赏，所以他宣称，希腊人是唯一能欣赏音乐的人，只有他们是尊重他的成就的。为此，他赐给希腊以自治权。

在尼禄吟诗作赋、歌唱演奏、竞技角斗的同时，经常伴以规模不同、形式各异的宴会。据塔西陀记载，这类宴会以尼禄的宠臣、近卫军长官提格利努斯在阿格里巴湖上所举行的宴会为典型。塔西陀写道：提格利努斯制作一个木筏，放在阿格里巴湖上，在筏上安排一个宴会。他准备一些小船当作拖船，拖动筏子在湖中心荡漾。小船都是用黄金和象牙装饰的，荡桨者是一色的娈童，按年龄和淫荡的程度排列起来。他从山南海北搜罗各种珍禽异兽，甚至从大海里捕来了海洋生物。在湖岸的一边，设置了野游的院舍，里面是贵族妇女。在对岸则是一群裸体的娼妓，搔首弄姿，跳各种猥亵的舞蹈。当暮色渐深的时候，从湖滨所有的丛林和房屋里开始传出一阵互相应和的歌声，到处都亮起闪烁的灯光。尼禄沉湎于这种腐朽、放荡的生活之中，然而他并没有因此而满足，更有甚者是"他按全部合法婚姻形式把自己嫁给一名叫毕达哥拉斯的娈童为妻。皇帝头上蒙着面纱，旁边站着证婚人。设衾、合欢床等都陈列出来，婚礼的火炬高高烧起。一切都公开"。尼禄就这样荒淫无耻达到了无以复加的程度。

公元64年夏天，罗马发生火灾。大火持续了9天，全城14区只有4个区保存下来，3个区化为焦土，其他各区只剩了废墟。大火对罗马城的人民来说，无疑是一场空前的灾难，无数的生命、财产被火舌所吞噬。据传说，正当罗马城变成一片火海的时候，尼禄"曾登上自己的舞台，高歌有关特洛伊毁灭的诗篇"，安然自在地看烈火燃烧的场面。虽然尼禄也采取某些措施，解救难民，但只不过是为了敷衍群众，作应景文章而已。大火之后，尼禄利用国家灾难的机会，抢先修建了自己的"金屋"。据塔西陀记载："这座王宫的出奇之处，并不在于那些司空见惯的和已经显得庸俗的金堆玉砌，而是在于野趣湖光，林木幽深，间或阔境别开，风物明朗"。尼禄修建的新宫以其

长廊、浴场、水池、动物占据了从帕拉丁努姆山至埃斯奎林努斯山冈间罗马最中心的地区。整个宫殿内部用黄金、宝石和珍珠来装饰。餐厅有象牙镶边的天花板，天花板是转动的，为的是可以从上面撒花，而香水则从管中喷出。在浴池里既有海水也有泉水。当尼禄看到这座富丽堂皇、豪华别致的伟大建筑物时，他赞叹地说："这才像个人住的地方！"

由于尼禄胡作非为，人们传说，公元64年的大火，是因为尼禄厌弃简陋的旧城，或者是为了欣赏火光冲天、别开生面的景致而将罗马城纵火焚之。虽然这些说法与事实不符却不胫而走，流传很广。尼禄为了消除在人民群众中产生的不满情绪，便逮捕一切纵火嫌疑犯。据塔西陀所记，这些人是"当时负有恶名，为人所厌恶的一群宗教的人"。对于这些"罪犯"，尼禄施以最残酷的手段，"有些被用兽皮蒙起来，让群犬撕裂而死，有些则被缚在十字架上，黄昏以后点火焚烧，当作火把，照明黑夜"。尼禄此番暴行，原意是想借此转移人们的视线，引起人们对"纵火犯"的憎恨，但事与愿违，反而进一步暴露了这个暴君的凶恶。

尼禄无耻的放荡行为，无止境的挥霍与浪费，使罗马帝国很快地出现了财政枯竭、危机四伏的严重局面。国库的积存花光了，士兵的薪饷和退伍老兵的奖赏停发了，货币贬值了。为了扭转这种局面，尼禄实行了两项主要措施。其一是增加赋税，极尽搜刮之能事。像塔西陀指出的那样："当时意大利已经因捐税的压榨而变成一片荒凉了。行省也都破了产。甚至诸神自己也成了受掠夺的一个方面……罗马国家当昌盛或危难期间因战争凯旋或向神许愿而历代奉献的黄金，都已搜刮无遗了。在亚细亚和阿凯亚，不仅呈奉的献品，即连神像本身也都被劫走。"其二是以"侮辱尊敬法"以及种种莫须有的罪名没收有钱人的财产。尼禄对所有死人的财产，只要死者在遗嘱中"表示忘恩"而没有将大部分财产献出来，其财产就要全部没收。对反对他的罗马贵族、行省总督和统帅，尼禄可以任何时候将他们变成恐怖政策的牺牲品。

尼禄的倒行逆施，引起各地和各阶层普遍的不满，反抗的情绪日益激烈。早在尼禄执政之初，即公元60年，在不列颠就爆发了以伊塞尼部落女王鲍狄卡为领袖的反对罗马无限苛索和迫害的起义。起义者击溃了罗马的军团，占领了罗马在不列颠的首府卡穆洛敦和伦丁尼亚，杀死8万名罗马的移民和商人，但后来还是被镇压下去。

公元68年，更大规模的起义在高卢爆发了。领导这次起义的是尼禄派往南卢的副将盖乌斯·尤利乌斯·文德克斯。他在讨伐尼禄的檄文中公开宣布，起义的唯一目的就是从暴君手中把罗马解放出来，推翻"丑角元首"的统治。文德克斯的号召，得到了帝国西部行省总督及军队统帅的普遍响应，在他的周围迅速集结了十万之众。西班牙和阿非利加行省的总督也都效仿文德克斯，集结军队，讨伐尼禄。虽然日耳曼军团击败了高卢起义军，但不久以后日耳曼的各个军团也起来反对尼禄，并宣布他们的指挥官维尔吉尼乌斯·鲁福斯为皇帝。这样，至公元68年夏天，罗马帝国历史上骄横一时的尼禄已经处在四面楚歌之中了。

面对如此严重的局势，尼禄拿不出什么好办法来挽救其即将灭亡的命运。于是，他想出一个极其荒谬的主张，他打算作为一个歌手和朗诵者，到起义者中间去，妄想用他那"动人的歌喉"战胜与他势不两立的反对者。他说："我仅用表演和歌唱在高卢就能再一次获得和平。"然而，事态的发展并不能像尼禄所想象的那样。此时，一向是元首心腹的近卫军也开始背叛尼禄。近卫军长官萨宾努斯看到尼禄大势已去，为了自己的生命和财产，他投到反对尼禄的加尔巴那里去。唯元首之命是从的元老院，面对既成的事实，也宣告尼禄为人民公敌。要对他处以死刑。至此，尼禄已经走投无路。逃出罗马之后，在城郊他的解放奴隶的住宅里自杀了。在自杀之际他还不忘他那"高超"的艺术才能，他叹息说："多么伟大的艺术家要死了！"

"五贤帝"临位迎来百年盛世

尼禄死后,古罗马经历了弗拉维王朝之后进入安敦尼王朝。安敦尼王朝一共有六位皇帝,前五位被称作罗马"五贤帝",五个好皇帝。"五贤帝"使罗马由震荡转入反弹,迎来又一个百年盛世。五贤帝时期是罗马帝国时代版图最大、实力最强的时期。五位皇帝分别为:涅尔瓦(96年—98年)、图拉真(98年—117年)、哈德良(117年—138年,外号"勇帝")、安敦尼·庇护(138年—161年,又译安托奈纳斯·派厄斯)、马尔库斯·奥列里乌斯(161年—180年,又译马可·奥里留,外号"哲学家皇帝")。

五人先后相继,赢得八十多年间政治清明,与之前一百年的腥风血雨形成很大的对比。这五位皇帝谦虚,爱戴臣民,这段时期也是自奥古斯都之后罗马帝国最强盛的时期。这段时期被称为"罗马治世",又叫作"五贤帝时期"或"五贤帝时代"。其中以安敦尼·庇护在位时间最长,所以这段时期又被称为"安敦尼王朝"。不过,由于这些皇帝没有血缘关系,"五贤帝时代"不能算为一个朝代。

涅尔瓦(35年11月8日—98年1月27日)出身于旧元老贵族阶层,是一位德高望重的元老,在图密善被刺杀之后由元老院推选并任命为罗马帝国的元首。他当选的原因是他当时已经相当老了,而且膝下无子。

鉴于图密善的暴政,涅尔瓦决定使用宽厚的政策。涅尔瓦即位不久就恢复了元老院的地位和权势,并发誓,凡国之大事都得与元老院磋商,并且保证不随意杀害元老。此外，他又对罗马的一些制度做了必要的改革。他赦免了被图密善放逐的人，恢复了他们的财产，缓和了他们的敌意；建立了救济贫困农民和穷人孩子的制度，并将价值6 000万塞斯退斯的土地分配给贫民；同时，他还免除了许多捐税，降低了遗产税。他紧缩开支以弥补国库的亏损。但是他的统治和过分节约造成了军队的不满，加之他在军队中缺乏威信，终于导致近卫军的叛乱：公元98年，近卫军包围皇宫，要求皇帝释放刺杀图密善的刺客，并杀死他的几个顾问。涅尔瓦在近卫军士兵的胁迫下被迫让步。

这件事给了他很大的教训，使他彻底认识到：没有军队支持的元首是无法对帝国行使统治的。于是，他便效法奥古斯都，认自己的一位军事将领、日耳曼尼亚的总督马尔库斯·多尔披乌斯·图拉真为继子，并授予他恺撒的名字和保民官权力。这样一来，图拉真不但成了涅尔瓦的继承者，而且也成了他的共治者。可以说，涅尔瓦这个措施是非常明智而且得当的，后来的史实证明它不但选对了继承人——图拉真，而且开创了一个良好的制度——养子继承制。

图拉真（53年9月18日—117年8月9日），罗马帝国五贤帝之一。公元98年年初，涅尔瓦因病去世，图拉真奉召继位。图拉真出生于西班牙，他是从外省贵族爬上元首宝座的第一人。

图拉真是一位优秀的统帅，同时也是一位颇有行政才能的执政官。他鉴于前朝之失，采取了较有效的措施来缓和各方面的矛盾。他尊重元老院的政治地位，注意吸收东方各行省的大奴隶主贵族参加元老院，扩大元老院的基础；他改革地方行政；任命一些忠于职守的亲信到行省去做总督，改善中央和行省的关系；他懂得培养民力的重要，乃轻徭薄赋，减轻人民的负担，并用政府贷款的方式，帮助小农维持生计。此外，他还沿袭涅尔瓦所创行的办法，即由政府拿出一部分税款在各地设立基金，用以养育贫苦无告的孤儿。

学生必知的古罗马文明

在对外政策方面，图拉真则脱离了奥古斯都订立的早期帝国的传统，而是复活了共和时期的侵略倾向。公元101年—106年，图拉真曾两次兴兵攻打多瑙河下游的达西亚人，推翻了达西亚国王的统治，把他的王国变为罗马的一个行省，并将大批罗马士兵和贫民移民到那里去屯垦。现今的罗马尼亚就是由这些罗马人的殖民地发展而来的。随后，图拉真又把侵略的矛头指向亚洲，与帕提亚交兵。公元105年—106年，驻守在叙利亚的罗马军团，根据图拉真的命令占据了巴勒斯坦与阿拉伯沙漠之间的大部分地区和西奈半岛，建立了罗马的一个新行省——阿拉伯行省。接着在公元114年，图拉真又以亚美尼亚王国的宗主权问题为借口，向帕提亚大举进攻。他亲率大军占领了亚美尼亚，随即挥师南下，占领了两河流域，攻陷了帕提亚的首都特西丰，直抵波斯湾口。经过他的一系列扩张，罗马帝国的版图扩大到了最大范围。它东起两河流域，西及不列颠的大部分地区，南包埃及、北非，北抵莱茵河和位于多瑙河以北的达西亚。

然而，图拉真在亚洲西南部所取得的这些胜利并没有维持很久。就在图拉真与帕提亚作战正酣之际，它的后方爆发了犹太人的起义，图拉真迫于形势，不得不从两河流域回师，但在途中染疾，病逝于小亚细亚南部的西里西亚。

哈德良（76年1月24日—138年7月10日），外号勇帝，罗马帝国五贤帝之一，117年—138年在位。图拉真在弥留之际，将哈德良收为养子。哈德良也是西班牙人，原系图拉真的表侄。从早年起，他就跟随图拉真转战各地，深得这位皇帝的赏识，被不时委以重任。图拉真死后不久，他便被叙利亚军团推为元首，这一行动不久又得到了元老院的批准。

哈德良时代是罗马国家制度官僚化的重要发展阶段。帝国的官僚管理制度在朱理亚·克劳狄时代就已奠定了基础。

哈德良是一位博学多才的皇帝，在文学、艺术、数学和天文等方面都造诣颇深，他统治时期的许多建筑也保留了下来，著名的有哈德良长城和别墅等。哈德良皇帝喜爱旅游，在他统治时期帝国各行省都留下了他的足迹，关于这一点，吉本在《罗马帝国衰亡史》里写道："哈德良的生活几乎是始终处在永无止境的旅途之中。由于他具有多方面的，包括军人、政治家和学者的才能，他通过完成自己的职责便可以完全满足了自己的好奇心。完全不顾季节和气候的变化，他始终光着脚徒步在喀里多尼亚的雪地和埃及酷热的平原上行军；在他统治期间，帝国所有的省份没有一处不曾受到这位专制帝王的光临。"哈德良强烈的好奇心和虚荣心导致他"一时成为一位了不起的皇帝，一时成为一个可笑的舌辩之士，一时又成为一个充满嫉妒心的暴君。当然，他的行为的总的趋向是公正和温和。"

安敦尼·庇护（86年9月19日—161年3月7日），138年—161年在位，罗马帝国五贤帝中的第四位，在他统治时期帝国达到全盛顶峰。因此，五贤帝的统治时期也因他的名字被称为"安敦尼王朝"。

公元138年，哈德良病逝，其养子安敦尼即位，安敦尼是哈德良妻子的外甥侄儿，也是第一位出身于高卢地区的元首。在安敦尼统治的23年中，他继承了哈德良的政策。对内注意调整各方面的关系。他即位后首先免除人民的欠税，将大量私产捐入国库，并全部承担节日费用。同时，又购买酒、油、米、麦，免费将其分配给平民。他善于理财，勤俭治国，所以死后国库盈盈，结存达27亿塞斯退斯。他勤于朝政，"如关心自己一样关心别人"。他继续推行哈德良的法律自由政策，限制对奴隶使用刑具，严厉惩罚主人无故杀害奴隶。他奖励教育，供给贫儿就学，扩大教师和哲学家的特权。对外，他主张采取防御政策。但为了保卫边疆，他也举行过一些军事活动。

安敦尼是一位温和、仁厚、善良和和蔼可亲的君主，并被元老院授予"庇护"称号。和他的养父哈德良不同，在他23年的统治之中，他的平静生活都是在罗马度过的；这位善良的皇帝所曾经历的最长的一次旅行是从他在罗马的皇宫到他退隐的拉鲁芬别墅而已。

当初，哈德良认养他的条件，是他认养马可·奥里留和维鲁斯为养子。这样哈德良为帝国确定了两代的继承人，史实证明他的眼光是不错的。安敦尼以其沉稳的作风实现了接连两代权力的平稳过渡。

马可·奥里留（121年4月26日—180年3月17日）是罗马帝国五贤帝时代的最后一个皇帝，161年—180年在位。

公元161年，安敦尼逝世，传位于其养子马可·奥里留和维鲁斯。由二位元首共同执政，这在罗马史上还是第一次。新元首上任之初，首先碰到的便是帕提亚人的入侵。公元161年，帕提亚国王伏洛居斯三世侵入叙利亚，维鲁斯率兵反击。起初，罗马非常顺利，他们不但将帕提亚人清除出叙利亚和亚美尼亚，而且还深入美索不达米亚，占领了帕提亚的两个都城——塞列夫克亚和特西丰。公元167年，维鲁斯班师罗马，受到了罗马人民的热烈欢迎。然而维鲁斯在给罗马带来胜利喜讯的时候，也给罗马带来了灾难。一种可怕的传染病随着东方军队的到来而迅速向帝国各地蔓延。瘟疫不但吞噬了无数的人丁，影响了兵源的补充；而且也减少了国库的税收，使国家出现了严重的财政危机。而这一切又给日耳曼人的入侵提供了条件。

公元168年，外多瑙河的日耳曼部落蜂拥南下，侵寇罗马帝国的边陲之地。两位元首急忙从各处调集兵力，并亲自领导了这次危险的马可曼尼战争。公元169年，维鲁斯因病死于兵营，奥里留继续领导了这场战争。在多次击败敌人以后，敌人同意缴械投降。为了保护北方的罗马国境，并使其免遭新的侵袭，奥里留决定让那些愿意为罗马服役的部落定居在帝国北部边境。公元178年，马科曼尼人和夸德人再次进攻帝国边境。奥里留统军征讨。公元180年，奥里留因染瘟疫而死于潘诺尼亚的文都滂那（维也纳）的军营里。帝国形势处于极度紧张状态。

奥里留是罗马帝国最伟大的皇帝之一。他不但是一个很有智慧的君主，同时也是一个很有成就的斯多葛派哲学家，有以希腊文写成的著作《沉思录》传世。

奢靡腐化葬送罗马帝国

安敦尼王朝最后一位元首的被杀实际上也就宣告了罗马帝国全盛时期的终结。罗马昔日的繁荣已不复存在，此后的罗马帝国便进入了其发展史上的衰亡期。城市萧条、经济衰退、社会普遍贫穷化以及随之而来的政局混乱构成了这一时期罗马社会的主要特征。也就是在这个时期，罗马的奴隶制社会开始走向其最后的消亡阶段。

罗马的危机

"五贤帝"中的第五位——马克·奥里留是一位很有造诣的哲学家。在繁忙的军旅和行政工作之余，他为后人留下了《沉思录》这样一部深邃的哲学著作。但他一生中却犯了两个致命错误，使罗马由盛转衰。公元172年，奥里留允许一支日耳曼部落进入罗马帝国境内的多瑙河以南定居，希望能够"以蛮制蛮"，实际上却无异于引狼入室，为日后大批蛮族入侵罗马开了先河。公元180年，奥里留在征战途中阵亡，一反常态地没有把帝位"传贤"，而是传给了儿子康茂德。

一代哲人却教子无方，康茂德的统治仿佛是尼禄再世。而这个庞大的帝国所面临的种种危机，更非这位靠老子权威上台的康茂德皇帝所能化解。由于大规模扩张停止，奴隶的来源枯竭，造成罗马经济的衰退。康茂德的种种倒行逆施，又引发了国内的人民起义和内战。公

元192年，康茂德被近卫军杀害，各地总督拥兵自重，争夺帝位。

公元193年，潘诺尼亚总督赛维鲁取胜，建立了赛维鲁王朝。这是一位军阀出身的皇帝，对内施行的是军事统治，对外则疯狂扩张，终于在与不列颠人的战争中阵亡，临死嘱咐儿子卡拉："让士兵发财，其余皆可不管"。从此言论中，不难想象其治国之术，可说是成也军队，败也军队。

此后，近卫军扮演起废立皇帝的角色，他们甚至一年立四个皇帝，稍有不满则杀掉重立一个。各行省的军团则各立皇帝，相互攻杀，史称"三十僭主"。直到公元268年，一个伊利里亚军人出身的皇帝依靠兵力，消灭对手，镇压起义，抵御蛮族，才把罗马混乱的局面稍稍稳住。

君主制帝国

公元3世纪罗马的危机，使得元首制帝国已经是千疮百孔。军阀混战拥立出来的军人皇帝，对罗马的共和传统毫无兴趣，却对东方式专制帝国情有独钟。在数十年战乱之后，终于有人在罗马正式称帝——类似东方的皇帝，企图以此挽救危亡。但历史证明，这也是徒劳的，已经"老"了的罗马帝国没有人能再让它恢复上升时期的活力。

四帝共治

公元284年，近卫军长官戴克里先被拥立为皇帝。他抛弃了元首政治而采用"多米那斯"制，皇帝成为"多米那斯"（意为"主人"）。从此，皇帝与人民变成主人与奴仆的关系。戴克里先本人则自称朱庇特之子，他头戴王冠，身穿皇袍，要求人民向他行跪拜之礼，俨然是一位东方专制君主。

但戴克里先本人并不具有"天无二日，国无二君"的东方观念，他考虑到庞大的帝国难于治理，又任命马克西米安为皇帝，两个人的尊号都是"奥古斯都"，是帝国的"正皇帝"。同时，他和马克西米安还分别任命了两位"副皇帝"，其尊号为"恺撒"，并规定两位奥古斯都要收各自的恺撒为养子或女婿，以血缘或联姻保持世袭统治。帝国以尼科米底、西尔米伊、米兰和特里尔为中心，由四位皇帝分别统治。但整个帝国却分而不裂，保持统一。戴克里先为帝国的最高决策人。

戴克里先开创的君主制帝国，暂时缓解了罗马的危机。然而奴隶制度的衰落却是不可逆转的，帝国内部错综复杂的矛盾并没有解决。这一时期的农村，由于奴隶的缺乏，土地兼并严重，破产农民到大地主那里寻求"庇护"，以致庄园越来越大，仿佛一个个独立王国，有的还自设法庭、监狱，甚至拥有兵力，不把帝国官吏放在眼里。当蛮族入侵时，这些大庄园主只从自身利益出发，不理会国家的兴亡。城市类似的工商业也日益衰败，经济危机严重，屋大维和"五贤帝"时期的太平盛世一去不复返了。

罗马的分裂

公元305年，戴克里先倦于政事，与马克西米安同时退位。他们本来希望两位恺撒顺利继承帝位，使帝国相安无事。由于其中一位恺撒突然病逝，其子君士坦丁想依靠武力夺位。于是戴克里先一番苦心孤诣的设计归于流水，争权夺利的内战再次爆发。

君士坦丁征战十几年，终于削平了各地野心勃勃的军事首领，成为帝国唯一的最高统治者。鉴于自己起兵夺权的经历，君士坦丁认为"四帝共治"的设计纯属徒劳，于是废除它而代之以"家天下"，分封侄子们为"恺撒"，治理帝国各地。他本人则为全国帝王，经常巡视各地，侄子们均俯首听命。君士坦丁自以为得计，不断颁布法令，极力维护垂死的奴隶制度，企图重振帝国雄风。

　　君士坦丁重做"帝国梦"的同时，还采取了两项对后世有重大影响的措施。公元313年，他颁布《米兰赦令》，承认基督教的合法地位。12年后，他又亲自主持尼西亚会议，使基督教成为有利于帝国统治的工具，他本人也于临终时接受洗礼，成为基督教徒。公元330年，君士坦丁迁都到东方的古城拜占庭，在那里大兴土木，建成一座可与罗马媲美的新都，定名为君士坦丁堡。此后，这里成为帝国统治的中心和连接东西方的最大城市。

　　但君士坦丁的"家天下"也没能维持。当他还尸骨未寒的时候，他的3个儿子和2个侄子便为争夺帝位展开了16年的内战。内战的获胜者为防止悲剧重演，处死了所有近亲，只留下一位堂弟。

　　此后，帝国内部矛盾重重，东西方对立严重，一统江山的局面已难持久。到狄奥多西皇帝在位时，虽曾短暂统一，但他却看到了帝国的暗淡前途。

　　公元395年，狄奥多西临终前，把帝国一分为二，交给他的2个儿子分别治理，成为西罗马和东罗马。从此罗马正式分裂，西罗马名义上的首都仍是罗马，而皇帝却常驻米兰和拉文那；东罗马则定都君士坦丁堡。此时的西罗马，已是一片破败，皇帝有时甚至要靠蛮族军队来支撑门面。

西罗马帝国的灭亡

　　罗马所称的"蛮族"，主要指活动于多瑙河、莱茵河边境以外的日耳曼各族，也有少数来自东方的民族，如匈奴。这些民族自安敦尼王朝末期就不断骚扰罗马边境，马克·奥里留的"以蛮制蛮"政策则为蛮族入侵打开了大门。从公元4世纪起，他们就开始举族向罗马境内迁移的活动，史称"民族大迁徙"。

　　东、西罗马分裂后，罗马军备废弛，边防不固，而此前罗马人总是欺凌日耳曼各族，更加激起了日耳曼人的复仇之心。公元401年，西格特人领袖阿拉里克率军越过阿尔卑斯山，直逼米兰，幸亏另一蛮族将领斯提里科抵挡，才使西罗马皇帝幸免于难。公元410年，阿拉里克攻陷罗马，使这座"永恒之城"在高卢人入侵后800年首次被攻破。公元455年，汪达尔人再次攻破罗马，并在那里洗劫14天，使这座繁花似锦的千年古都沦为一座人烟稀少的破败废城。

匈奴人的到来又给了西罗马帝国致命一击。公元451年，匈奴王阿提拉大举进攻西欧。阿提拉好征战，多智谋，在战场上所向无敌，罗马人称其为"上帝之鞭"。在近台南的巴黎附近，阿提拉与西罗马和蛮族联军展开大战，双方投入数十万兵力，为5世纪规模最大的战争，但双方未分出胜负。战后阿提拉转攻意大利，率军围攻罗马，西罗马皇帝只得托人求和，因适逢匈奴军中发生瘟疫，阿提拉才带着罗马人献出的大量战利品，满载而归。后来匈奴人定居多瑙河中游一带，与当地居民融合，今天匈牙利之名即源于匈奴。

公元476年，日耳曼将领奥多亚克废黜了西罗马的末代皇帝罗慕路斯·奥古斯都。这个由罗慕路斯开创，称雄西方千余年的大帝国，终于又在另一个罗慕路斯手中灭亡。从此，一切的光荣、伟大、创造与毁灭归于历史，欧洲进入了中世纪。西罗马帝国的兄弟之邦东罗马帝国，则在东方存在下来，又经历了千余年的兴衰成败，于1453年亡于奥斯曼土耳其人。罗马的最后一丝香火也熄灭了。

完备的军事制度造就罗马军队

　　早期罗马国家的一个显著特点，就是国家的高度军事化。当时几乎所有的公民都是军人，强大的军队是罗马巩固自己的国家政权和对外发展的基础。根据罗马法律，每一位年龄17岁到46岁的公民，只要不是属于最低一级地位，或者还没有参加过20次步兵战斗或10次骑兵战斗，就都有服兵役的义务。凡是进入军队的士兵在平时都必须参加严格的军事训练。他们除了使用武器和进行各种正规训练以外，还必须练习跑步、跳跃、撑竿跳高、攀登、格斗、游泳——脱去衣服并携带全副装备游泳。每个士兵都要习惯于按照军队的步伐行进，在5个小时内走完32公里至39公里路程。在行军途中，他们得背负50公斤重的行军装备。这种严格而又艰苦的军事训练不但增加了士兵的体质，培养了他们吃苦耐劳的精神，而且还大大地提高了士兵在作战时的应变能力，保证了罗马对外战争的胜利。

　　从大约公元前400年罗马共和国时代开始，一直到帝国时期，随着战争不断扩大，古罗马逐渐形成比较完备的军事制度。古罗马军队的基本战术单位是军团，通常由4 500人组成，包括3 000名重装步兵、1 200名轻装步兵和300名骑兵。重装步兵为军团的主力，配备投枪、短剑、大盾、金属头盔、胸铠和胫甲。每个军团分为30个中队，每个中队又分为两个"百人队"。中队按士兵年龄和经验分成三类：由年轻人和由成年人组成的中队，各有120名重装步兵；由老兵组成的中队，只有60名重装步兵。战斗时，年轻人组成的中队居前，称为枪兵；成年人中队居中，称为主力兵；

老兵中队居后，称为后备兵。这就是著名的罗马军团三列队法。轻装步兵和骑兵亦分为小队，战斗中轻装步兵通常配置于军团前面，骑兵则掩护两翼。征服意大利后，罗马军队中还有臣属于罗马的城邦或部落即所谓同盟者提供的大量辅助部队，配合军团作战。最高军事指挥权掌握在执政官手中。军团的指挥官是6名军事保民官，系由公民大会推举或由执政官委任。下级军官中最重要的是"百人队长"，从士兵中挑选任命。罗马军纪严酷，违犯者受到严惩甚至处死。行军和扎营都作严格规定，宿夜必须挖沟筑墙，建造营地，以防突然袭击。

罗马对外作战的主要单位是军团，由轻装兵、长矛兵、主力兵和后备兵四部分组成。长矛兵、主力兵和后备兵各分10个中队。在列阵时，轻装兵与骑兵一起列于军团的两翼，长矛兵列于军团的一线，主力兵列于第二线，他们最初都装备长矛。后背兵作为预备队，列于第三线，装备投枪。在战前，军团常常以中队为单位进行列队。在中队之间的间隙与每一列中队正面的宽度相等，中队的纵深在5、6列到10列之间。第二线各中队配置在第一线各中队的间隙后边；后备兵部署得更靠后些。这种队列具有很大的灵活性和运动性，它既可以使每线的各个中队靠拢，形成稠密的正面，也可以使第二线的中队上前，填补第一线的空隙。当需要有较大的纵深时，每个主力兵中队又可以站到相应的长矛兵中队之后，使纵深加倍。这种队形顺利克服了方阵运转不灵活的弱点，使军团无论在实战性还是在机动性方面都胜过方阵。军团能在方阵不敢去的地形上前进和机动作战而不搅乱队形，并且不至冒很大的危险。当绕过障碍物时，通常至多只需要一两个中队缩小正面，而且在几分钟之内正面即可恢复。军团能用轻装部队掩护整个正面，因为他们能够在各线中队前进时通过间隙向后撤退。

除此以外，军团的主要优点还在于：

1.军团能排成几排，可根据情况以此投入战斗。而采用方阵体系时，战斗的结果常常取决于一次性突袭，因为预备队内没有在失利时能投入战

斗的生力军。

2. 军团具有很大的灵活性，统帅既可以使自己的轻装部队和骑兵同敌人全线接近，又可以用第一线的长矛兵抵御敌人方阵的攻击；同时还可以出动主力兵去拖疲敌人，而最后用后备兵去取得胜利。而方阵若一旦交锋，就得投入全部力量，并且必须把战斗进行到底。

3. 如果罗马统帅想要终止会战，军团的组成又可使他能够以预备队占领阵地，然后让已投入战斗的部队从中队的间隙后撤，自行占领阵地。

罗马的军队纪律严明，凡是不服从命令者，无论官职大小，情况如何，一律处以死刑。例如，在拉丁战争时期（前340—前338），罗马执政官曼里乌斯根据当时战争的性质，发布命令，禁止罗马官员单独与敌人作战。但是他的儿子违反了命令，他不但擅自与敌人的一名指挥官发生斗争，而且还亲自杀死了这位指挥官。曼里乌斯获悉这一消息后，马上召开全体会议，并当着全体将士的面，将儿子处以死刑。此外，对于逃跑、擅离职守和失去武器的战士，也必须处以重刑，甚至死刑。在作战过程中，如果某个单位的士兵都犯有临阵逃脱或丢失阵地的过错，那么指挥官就必须在这些人员中实行"什一抽杀律"。根据这一律法，凡是抽到死签的士兵，都必须另列一队等受死刑，其余的士兵则必须到营地之外露营，并停止发放小麦给养，以大麦代之。对于军团一级的处罚，往往采取延长服役年限和取消土地补偿的办法。

在加强军队纪律的同时，罗马还规定了严格的奖励制度，但这种奖励常常侧重于荣誉方面，而不是物质方面。一般来说，在侦察或巡哨过程中，与敌人相遇并杀死一个敌人者，可奖给长矛一支；杀死一个敌人，如果他是步兵，那么他就可以获取奖杯一只，如果是骑兵，那么他就可以获取马饰一副。在正常战役中或攻城战斗中，第一个攻上敌人城墙的士兵，可获取金冠一个，对于那些打败罗马人的"劲敌"，并且在一次战役中至少杀死5 000个敌人的将领，在他返回罗马城的时候，就可以举行一次

"凯旋式"。受到奖励的将士，不但在军队中受到战友的尊重，而且在回到家乡以后，也会受到同样的尊重。在宗教仪式中，只有这样的人才被允许佩戴表示战功的装饰品。

这种严酷的纪律和严格的奖励制度，不但大大减少了违纪的人数，而且也进一步激发了罗马将士的斗志，为其取得战争的最后胜利奠定了基础。

其实，罗马人这套完美的军事制度并不像西方某些学者所说的那样是受了一位神的启示，而完全是罗马人在长期的战争中，不断向外族学习的结果。对于罗马人来说，对外扩张的过程，常常也是向外学习、吸取经验的过程。在这个过程中，罗马人不但从希腊皮洛士那里学到了选择和安扎营地的经验，而且还在迦太基统帅汉尼拔那里学到了两翼包抄的战术；他们不但从伊特鲁里亚人那里学到了剑术，而且还从希腊人和迦太基人那里学会了海战；他们不但在萨姆尼特长矛的基础上，改进了自己的长矛，而且还从西班牙引进了杀伤力大且适合于短兵相接的西班牙短剑。罗马军团本身，实际上也是在吸取外族长处的基础上不断发展并完善起来的。

崇尚法治　罗马法日臻完善

　　罗马法是古代世界各国法律中内容最丰富、体系最完善而且对后世影响最广泛的法律。罗马法是罗马人民天才的最高体现，是罗马人留给人类文明的一份最宝贵的遗产。罗马法经历了千年的历史发展，它所在的环境条件使它能高瞻远瞩，将法律的规范扩展至不同的地区和世界。德国法学家耶林曾经形象地说过："罗马曾三次征服世界：第一次征服以武力；第二次征服以宗教；第三次征服则以法律。而这第三次也许是其中最为平和，最为持久的一次征服。"

　　罗马法通常是指通行于整个古代罗马世界的法律。上至罗马建国，下到《查士丁尼法典》的完成，前后1 000多年，在这中间所颁布的所有罗马法律都叫作"罗马法"。从时间上说，罗马法可以分成3个时代，即公民法、万民法和统一法时代。

　　罗马的公民法时代大约相当于公元前6世纪中叶到公元前2世纪中叶。这一时代的特点是公民法在罗马占着统治地位。罗马的公民法主要包括习惯法和成文法两种形式，它的出现和发展显然是与平民和贵族的斗争分不开的。

　　和其他早期国家一样，罗马在国家形成的初期，并不存在成文法，更不存在成文法典，唯一具有法律权威和功用的便是当时人们的习惯，即一种未经政府明确表示而被一般人接受并默认为社会生活中相互关系之规则的制度原则。由于习惯法没有固定的成文形式，因此它便具有很大的伸缩性和不确定性。而这种法律制度上的缺陷在司法制度落后的古代又往往会导致法律规范的不精确。这样，无形中就为法官故意压迫平民，袒护贵族提供了方便。

平民们为了改变这种不平等的地位，主动组织起来，向政府施加压力，要求政府编撰成文法。在平民的强烈要求和压力下，罗马政府被迫于公元前450年至公元前449年颁布了罗马历史上第一部成文法典——《十二铜表法》。《十二铜表法》作为罗马国家的第一部成文法典，不仅在罗马法历史上占有重要地位，产生过深远的影响，而且对罗马历史的发展有过重要的影响。

一般来说，公元前2世纪中叶（尤其是公元前242年）以前罗马所通过的法律，大多属于公民法的范畴，其目的是调整公民内部的矛盾与纷争。

公民法亦称市民法，是罗马国家"为了本国公民颁行的法律"。渊源主要是早期罗马社会的习惯。此外公民大会和元老院所通过的带有规范性的决议等都可作为公民法的渊源。公民法的内容主要是有关罗马共和国的行政管理、国家机关及一部分诉讼程序的问题。其适用范围仅限于罗马公民，居住在罗马的异邦人则不能享受此法的保护。

由于罗马公民法具有条文简单、表述含糊等特点，因此，在处理具体问题时，就需要有专人对它进行解释。最初负责罗马法解释和补充工作的是祭司团的祭司。

万民法时代相当于公元前2世纪中叶到公元3世纪初叶，这一时期的最大特点是：万民法对社会生活的影响越来越大，并逐渐形成了罗马法制史上占统治地位的法律形式。当然，公民法并没有因之消退。

万民法，意即"各民族共有的法律"，是继公民法之后，逐渐形成和发展起来的罗马司法体系的一个重要组成部分，是用来调整罗马公民和异邦人之间以及异邦人之间民事法律关系的罗马法律。在罗马司法体系中，

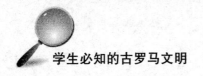

万民法是比较成熟和发达的部分，也是后期罗马法的基本内容。一般来说，万民法有下面两种含义：

第一，和自然法一样，万民法是普遍适用于所有文明社会和国家的法律。

第二，万民法的调整范围最初只限于罗马法管辖范围内的罗马公民与异邦人之间的关系以及异邦人本身间的关系，后来逐渐成为调整各国公民之间关系的法律。

万民法产生于罗马共和国中后期，但只有在公元前2世纪中叶后才有了很大的发展。从形式上说，万民法并不是由立法机关所制定的法律，而是通过罗马外事行政长官所颁布并被罗马国家用强制力保证实行的法律。

形成万民法的渊源十分丰富，其中主要有行政长官告示、法学家解答及皇帝赦令。行政长官告示是万民法最重要的渊源，因而有人又把万民法称之为"大法官法"或"行政长官法"。这里的"行政长官"或"大法官"主要是泛指内事行政长官、外事行政长官、营造官、总督等具有裁判权的高级官吏。所谓告示，就是行政长官或执政官就职时发布的阐明自己施政方针的通告以及指导和审理案件时公之于众的原则。其中外事行政长官告示尤为重要。万民法的另一个渊源是法学家的解答。从公元前2世纪开始，罗马出现了一大批世俗法学家，他们逐渐代替了祭司对法律的解释权。但在奥古斯都以前，法学家所发表的意见，仅限于指导诉讼而已，并不发生法律效力。只有在奥古斯都授予若干法学家有"公开解答法律的特权"之后，法学家的地位才发生了明显的变化。从此，法学家的解答变成了罗马法渊源的重要组成部分。公元2世纪中叶后，万民法继续兴盛，先后涌现出了盖乌斯、伯比尼安、保罗斯、乌尔比安、莫迪斯蒂努斯等五大著名的法学家。他们被称为"法学五杰"。他们从法理上对万民法、自然法和市民法以及它们的相互关系做了阐释，对罗马法的发展作出了巨大的贡献。万民法的第三个渊源便是皇帝的赦令。皇帝立法的主要形式包括：赦谕，对全国发布的有关公法和私法方面的各种命令；裁决，亲审特殊案件时所作出的决定；批复，皇帝对于人民和官吏法律上的疑问所加的批示；训示，皇帝在官吏就职时对其所作的指示。

从卡拉卡拉赦令颁布到查士丁尼去世，是罗马的统一法时期，它也是罗马法发展的最后阶段。卡拉卡拉赦令的颁布，使帝国境内全体自由民获得了公民权，从而取消了帝国内部自由民之间公民与非公民的区别，这样，至少对自由民来说产生了私人的平等。原先适用于不同法律主体的公民法和万民法之间的区别已不再有实际意义。罗马法的发展开始从创新阶段进入了汇编阶段，也即整理和提炼的阶段。

公元527年，查士丁尼与其伯父共同摄政，同年即位正式称帝。他共组织编撰了4部法典，即《查士丁尼法律汇编》《法学汇编》《法学阶梯》和《新赦令》，至12世纪时，统称为《查士丁尼民法大全》（又译《国法大全》）。它反映出整个罗马时期尤其是帝国全盛时期罗马法的全貌。《民法大全》是欧洲历史上第一部系统完整的法典，它确定了统一的无限私有制概念，提出了公法和私法的划分。它的问世标志着罗马法本身已经发展到了最发达、最完备的阶段。

成文法典《十二铜表法》

　　罗马成文法典——《十二铜表法》的诞生，使平民利益得到了保护，但也保留了一些野蛮的习惯法。

　　《十二铜表法》的内容分别为：传唤、审判、求偿、家父权、继承及监护、所有权及占有、房屋及土地、私犯、公法、宗教法、前五表之补充、后五表之补充等12篇。《十二铜表法》颁布之后，就成为共和时期罗马法律的主要渊源。

第一表　传唤

　　1. 原告传被告出庭，如被告拒绝，原告可邀请第三者作证，扭押同行。

　　2. 如被告托词不去或企图逃避，原告有权拘捕之。

　　3. 如被告因疾病或年老不能出庭，原告应提供交通工具，但除自愿外，不必用有篷盖的车辆。

　　4. 如诉讼当事人为富有者，则担保其按时出庭的保证人，应为具有同等财力的人；如为贫民，则任何人都可充任。

　　5. 如当事人双方能自行和解的，即认为解决。

　　6. 如当事人不能和解，则双方应于午前到广场或会议厅进行诉讼，由长官审理。

7.诉讼当事人一方过了午时仍不到庭的,长官应即判到庭的一方胜诉。

8.日落为诉讼程序休止的时限。

9.保证人应担保诉讼当事人于受审时按时出庭。

第二表 审理

1.诉讼标的在1 000阿斯(罗马铜币名,约金衡制一磅)以上的,交誓金500阿斯。标的不满1 000阿斯的,交誓金50阿斯,关于自由身份之诉,不论此人家产的多少,一律交50阿斯。

2.审理之日,如遇承审员、仲裁员或诉讼当事人患重病,或者审判涉及外国人,则应延期审讯。

3.凡需要人证的,应在证人的门前高声呼唤,通知他在第三个集市日,到庭作证。

4.即使是盗窃案件,亦可进行和解。

第三表 执行

1.对于自己承认或经判决的债务,有30日的法定宽限期。

2.期满,债务人不还债的,债权人得拘捕之,押其到长官前,申请执行。

3.此时如债务人仍不清偿,又无人为其担保,则债权人得将其押至家中拘留,系以皮带或脚镣,但重量最多为15磅,愿减轻者听便。

4.债务人在拘禁期间,得自备伙食,如无力自备,则债权人应每日供给谷物粉一磅,愿多给者听便。

5.债权人得拘禁债务人60日。在此期内,债务人仍可谋求和解;如不

获和解，则债权人应连续在3个集市日将债务人牵至广场，并高声宣布所判定的金额。

6. 在第三次牵债务人至广场后，如仍无人代为清偿或保证，债权人得将债务人卖于台伯河外的外国或杀死之。

7. 如债权人有数人时，得分割债务人的肢体进行分配，纵未按债额比例切块，亦不以为罪。

8. 对叛徒的追诉，永远有效。

第四表　家长权

1. 对奇形怪状的婴儿，应即杀之。

2. 家属终身在家长权的支配下。家长得监察之、殴打之、使作苦役，甚至出卖之或杀死之；纵使子孙担任了国家高级公职的亦同。

3. 家长如3次出卖其子的，该子即脱离家长权而获得解放。

4. 夫得向妻索回钥匙，令其随带自身物件，将其逐出。

5. 婴儿自父死后10个月内出生的，推定其为婚生子女。

第五表　继承和监护

1. 除维斯塔贞女外，妇女终身受监护。

2. 在族亲监护下的妇女转让其物时，需取得监护人同意。

3. 凡以遗嘱处分自己的财产，或对其家属指定监护人的，具有法律上的效力。

4. 死者未立遗嘱，又无当然继承人，其遗产由最近的族亲继承。

5. 如无族亲时，由宗亲继承。

6. 遗嘱未指定监护人时，由族亲为法定监护人。

7. 精神病人因无保佐人时，对其身体和财产由族亲保护之；无族亲时由宗亲保护之。外人不得管理其财产，应由其族亲为他的保佐人。

8. 获释奴未立遗嘱而死亡时，如无当然继承人，其遗产归恩主所有。

9. 被继承人的债权和债务，由各继承人按其应继分的比例分配之。

10. 遗产的分割，按遗产分析诉处理。

11. 以遗嘱解放奴隶而以支付一定金额给继承人为条件的，则该奴隶在付足金额后，即取得自由。

第六表　所有权和占有

1. 凡依"现金借贷"或"要式买卖"的方式缔结契约的，其所用的语言即为当事人的法律。

2. 凡主张曾缔结"现金借贷"或"要式买卖"契约的，负举证之责；缔结上述契约后又否认的，处以双倍于标的的罚金。

3. 使用土地的取得时效为两年，其他物品为一年。

4. 妻不愿依一年使用时效而缔结有夫权婚姻的，则应每年连续外宿3夜以中断时效的完成。

5. 外国人永远不能因使用而取得罗马市民财产的所有权。

6. 于诉讼进行中，在长官前对物的所有权有争议时，应裁定该物归事实上的占有者，或认为合适的人暂行占有。

7. 出卖的物品经交付，非在买受人付清价款或提供担保以满足出卖人的要求后，其所有权并不移转。

8. 凡依"要式买卖"或"拟诉弃权"的方式转让物品的，具有法律上的效力。

9. 凡以他人的木材建筑房屋或支搭葡萄架的，木料所有人不得擅自拆毁而取回其木料。

10. 但在上述情况下，可对改用他人木料者，提起赔偿双倍于木料价金之诉。

11. 在木料和建筑物已分离，或作葡萄架的柱子已从地中拔出后，则原所有人有权取回。

第七表　土地和房屋(相邻关系)

1. 建筑物的周围应用2.5尺宽的空地，以便通行。

2. 凡在自己的土地和邻地之间筑篱笆的，不得越过自己土地的界限；筑围墙的应留空地1尺；挖沟的应留和沟深相同的空地；掘井的应留空地6尺；栽种橄榄树和无花果树的，应留空地9尺；其他树木留5尺。

3. 有关园子……祖产……谷仓……的规定（原文有缺漏）。

4. 相邻田地之间，应留空地5尺，以便通行和犁地，该空地不适用时效的规定。

5. 疆界发生争执时，由长官委任仲裁员3人解决之。

6. 在他人土地上有通行权的，其道路宽度，直向为8尺，转弯处为16尺。

7. 如供役地人未将道路保持在可供通行的状态时，则有通行权者得把运货车通过他认为适宜的地方。

8. 用人为的方法变更自然水流，以致他人财产遭受损害时，受害人得诉诸赔偿。

9. 树枝越界的，应修剪至离地15尺，使树荫不至影响邻地；如树木因风吹倾斜于邻地，邻地所有人亦可诉诸处理。

10. 橡树的果实落于邻地时，得入邻地拾取之。

第八表　私犯

1. 以文字诽谤他人，或公然歌唱侮辱他人的歌词的，处死刑。

2. 毁伤他人肢体而不能和解的，他人亦得依同态复仇而"毁伤其形体"。

3. 折断自由人一骨的，处300阿斯的罚金；如被害人为奴隶，处150阿斯的罚金。

4. 对人施行其他强暴行为的，处25阿斯的罚金。

5. 对他人的偶然侵害，应负赔偿责任。

6. 牲畜损害他人的，由其所有人负赔偿责任，或将该牲畜交予被害人。

7. 让自己的牲畜在他人田中吃食，应负赔偿责任；但如他人的果实落在自己的田中而被牲畜吃掉的，则不需负责。

8. 不得以蛊术损害他人的庄稼；不得擅自把一地的庄稼移置他地……

9. 在夜间窃取耕地的庄稼或放牧的，如为适婚人，则处死以祭谷神；如为未适婚人，则由长官酌情鞭打，并处以赔偿双倍于损害的罚金。

10. 烧毁房屋或堆放在房屋附近的谷物堆的，如属故意，则捆绑而鞭打之，然后将其烧死；如为过失，则责令赔偿损失，如无力赔偿，则从轻处罚。

11. 不法砍伐他人树木的，每棵处以25阿斯的罚金。

12. 夜间行窃，如当场被杀，应视将其杀死为合法。

13. 白日行窃，除用武器抓捕外，不得杀之。

14. 现行窃盗被捕，处笞刑后交被窃者处理；如为奴隶，处笞刑后投塔尔佩欧岩下摔死。如为未适婚人，由长官酌处笞刑，并责令赔偿损失。

15. 正式搜查赃物时，搜查人应赤身光体，仅以亚麻布围腰，双手捧

一盘。凡以正式方式在窃贼家搜出赃物的，以现行盗窃罪论处；如以非正式方式搜出或在他处查获的，则处盗窃者3倍于赃物的罚金。

16. 对非现行盗窃提起的诉讼，仅得处盗窃者2倍于赃物的罚金。

17. 对盗窃的物件，不适用取得时效的规定。

18. 利息不得超过1分，超过的，处高利贷者4倍于超过额的罚金。

19. 受寄人不忠实的，处以双倍于所致损害的罚金。

20. 监护人不忠实的，任何人都有权诉请撤换；其侵吞受监护人财产的，处以双倍于该财产的罚金。

21. 恩主诈骗被保护人的，应作祭神的牺牲品。

22. 法律行为中的证人，如事后拒绝作证的，即为"不名誉者"，从此丧失作证的资格，亦不得请他人为之作证。

23. 作伪证的，投于塔尔佩欧岩下摔死。

24. 杀人者处死刑；过失置人于死的，应以公羊一只祭神，以代本人。

25. 施魔法或以毒药杀人的，处死刑。

26. 夜间在城市举行扰乱治安的集会的，处死刑。

27. 士兵或其他社团的成员，得订立其组织的章程，但以不违背法律为限。

第九表 公法

1. 不得为任何个人的利益，制定特别的法律。

2. 对剥夺一人的生命、自由和国籍的判决，是专属百人团大会的权力。

3. 经长官委任的承审员或仲裁员，在执行职务中收受贿赂的，处死刑。

4. 执行死刑时由刑事事务官监场。对一切刑事判决不服的，有权上诉。

5.凡煽动敌人反对自己的国家，或把市民献给敌人的，处死刑。

6.任何人非经审判，不得处死刑。

第十表　宗教法

1.不得在市区内埋葬或焚化尸体。

2.对丧事不宜过分铺张……火葬用的木柴，不得用斧削。

3.埋葬或火化时，死者的丧衣以3件为限，紫色的以1件为限，奏乐的人以10名为限。

4.出丧时，妇女不得抓面毁容，也不得无节制地号哭。

5.不得收集死者的骸骨为之举行葬礼，但死于战场或异邦的，不在此限。

6.禁止：对奴隶的尸体用香料防腐；举行丧事宴会、奢侈地洒圣水、长行列的花环、用香炉焚香。

7.如果死者本人或其奴隶和马，因受奖而获得的花环，则在丧礼期间，准死者或其亲属佩戴。

8.不得为一人举行两次丧礼，亦不得为他备置两口棺木。

9.死者不得有金饰随葬，但如牙齿是用金镶的，准其随同火化或埋葬。

10.非经所有人同意，不得在离其房屋60尺以内进行火葬或挖造坟墓。

11.墓地及坟墓周围的余地，不适用取得时效的规定。

第十一表　前五表的补充

1.平民和贵族，不得通婚。

第十二表　后五表的补充

1. 对购买牲畜供祭神之用而不付价金，或出租牲畜将租金供祭神之需而租用人不付租金的，则债权人有权对债务人的财产实施扣押。

2. 家属或奴隶因私犯而造成损害的，家长、家主应负赔偿责任，或将其交被害人处理。

3. 凡以不诚实的方法取得物的占有的，由长官委任仲裁员3人处理之，如占有人败诉，应返还所得孳息的双倍。

4. 系争物不得作为祭品，违者处该物价款双倍的罚金。

5. 前后制定的法律有冲突时，后法取消前法。

《十二铜表法》内容庞杂，包括民法、刑法和诉讼程序，基本上是习惯法的汇编。法律条文反映了罗马奴隶占有制社会早期的情况。明文规定维护私有制度和奴隶主贵族的权益，保护私有财产，严惩破坏私有权者。债务法规定债权人可以拘禁不能按期还债的债务人，甚至将其变卖为奴或处死。家庭法给予家长对其家庭成员的绝对权力，可把子女出卖为奴。该法典禁止贵族与平民通婚。继承法既实行遗嘱自由，又规定财产在氏族内继承；惩罚方法既采用罚金，又保存同态复仇。这表明当时社会中还存在氏族制度的残余。《十二铜表法》对贵族滥用权力作了一些限制，按律量刑，贵族不能再任意解释法律，是后世罗马法的渊源，对于中世纪和近代欧洲法学也有重要影响。

五杰开创法学黄金时代

　　从奥古斯都到安敦尼王朝的200多年间，是罗马法学当之无愧的"黄金时代"，堪称百家争鸣、人才辈出、学派兴旺、佳作纷呈的时代。此时享誉全国并被后世誉为大师的法学家少说也达半百之数，构成了世界文化史上法学最为发达的时代。此时法学家力倡重法意而不拘于条文的研究精神，对于法学原理多有阐发，同时又广采博收，全面综合共和以来法制建设的成果，使法学在罗马文化遗产中占有重要地位，对古典传统的形成贡献极大。此时先有卡皮托和拉比奥两大法学家自立门户，于共和、帝国之间各有偏袒，前者推崇共和，后者拥护帝制，观点分歧、学派对立。卡皮托之后的大师是萨比努斯，此派即名为萨比努斯派；拉比奥之后有普罗库卢斯，亦得名为普罗库卢斯派。两派的论战对于法学研究的发展大有裨益，他们的政治观点虽然有分歧，对法学理论的探究却是殊途同归，达到更高程度的辩证的统一与综合。大致而言，萨比努斯派代表中小奴隶主和较广泛的公民阶层的利益，普罗库卢斯派则代表大奴隶主和贵族阶层的利益，而在维护奴隶主统治这一点上，他们是完全一致的。对于罗马法律由公民法达于万民法的整个发展，他们也同样给予充分的肯定。因此，较晚出的法学家便以综合汇总、全面概括为首务，出现了历史上著名的"法学五杰"。他们分别是盖乌斯、保罗斯、乌尔比安、伯比尼安、莫迪斯蒂努斯。最早的是盖乌斯，他主张萨比努斯派，观点却比较全面。他最有影响的著作是《法学阶梯》，系统总结了罗马法学的成果，对罗马法的司法体

系首倡人法、物法、诉讼法的三编分述结构，为后世树立了典范。其后则有保罗斯、乌尔比安、伯比尼安、莫迪斯蒂努斯。他们在公元426年由西罗马皇帝狄奥多西二世和东罗马皇帝瓦伦提尼亚鲁斯二世共同颁布的"引证法敕令"中，被确认为五大法学权威，他们的著作具有法律效力，若五家之说互有分歧，以多数为准；若分歧等同，则取决于伯比尼安的见解，因此伯比尼安的影响又位居各家之上。经五杰之手，罗马法体系已臻完备，由于其后已临罗马文化衰落阶段，他们可以说是代表了罗马法学的最高成就。

盖乌斯(约130—约180)，罗马五大法学家之一。生活在公元2世纪后期哈德良帝当政时，确切生卒年代、出身和族名都不得而知，盖乌斯只是首名。他是法学教授和公共教师，首开比较法学之端，第一个将罗马法与其他民族的法律作了具体比较，以杰出的著作《法学阶梯》而蜚声法坛。该书是一部初级法学教材，其语句精炼、分析精辟，深入浅出，简略得当，1816年在意大利博伦纳的开普特图书馆被发现。盖乌斯是一位多产的法学家，著有《行省敕令评论》32篇，《市政裁判官告示评论》、《法律论》15篇，《委托论》、《案例论》、《规则论》、《嫁资论》以及《抵押论》各1篇等。查士丁尼《学说汇纂》中有535条选自盖乌斯的《法学阶梯》。现今西方奉行的"一个人的住宅即其壁垒"的原则，就是出自盖乌斯。

伯比尼安（约140—212)，帝国前期罗马的著名法学家，担任过申诉官、帝国高级法院院长和被认为是皇帝的近卫都督之职，行使军事和司法大权。其代表作有37卷《法律问答集》、19卷《解答集》、19卷《解说书》。其学说具有极高的权威性，直至4世纪，君士坦丁皇帝仍命令属下整理他的学说。在《学说引证法》中明确规定，在五大法学家的意见相左时，以伯比尼安的学说为准。

乌尔比安(？—228)，罗马五大法学家之一，出生在叙利亚的一个小康家庭。他可能一度为贝鲁特的法律教授，与保罗同为帕比尼安最高裁判官法庭的联席法官。在亚历山大·塞维鲁斯皇帝当政时身居要职，公元222年时为最高裁判官，后在一次反对士兵骚乱中丧生。乌尔比安的重要理论贡献是公法与私法的划分，有23部著作，以83篇《敕令评论》最为有价值。还著有51篇《萨比尼评注》《法律论》《争议论》《保民官总论》各10篇，《通奸论》5篇，《法学阶梯》2篇，《论执政官职责》3篇，《论监护裁判官职责》1篇等著述。《学说汇纂》中引用他的论述达2 464条，占所引学说1/3有余，为五大法学家之首。乌尔比安在当时提出，法是"人和神事务的概念，正义和非正义的科学"。这一经典法律学论述至今仍被多数学者所认可。

通达便利的罗马大路

　　罗马称霸地中海后，奴隶制经济的繁荣为罗马文化的发展提供了雄厚的物质基础。为了炫耀其国力的强盛，罗马统治者大兴土木，建立各种纪念性建筑物和众多的公共建筑物。尤其是从共和后期到帝国初期的罗马文化鼎盛时期，罗马的建筑更是获得了空前的发展，创造了最高的成就。就其建筑样式、设施规模和技术上的完善而论，堪称一代楷模。它象征着权力和壮观，而不像希腊建筑，象征着思想自由或生活满足。由于受古典主义思想的支配，罗马的建筑实际上是罗马民族传统和希腊传统相结合的产物，并在这种基础上结合本民族的艺术传统进一步发展和充实起来。辉煌的建筑艺术是罗马文化中极为突出的一面，也是罗马人在继承希腊建筑艺术传统的基础上有所创新、有所超越的一面。维特鲁威在《论建筑》中提出的享誉后世的著名的"实用、坚固、美观"的建筑设计理念，将"实用"列为首位，这充分体现了罗马人注重实效、讲求技术的特色。辉煌的罗马建筑艺术充分体现了罗马民族求实用的民族精神。城防、神庙、剧场、浴室、道路等建筑都是遵循实用主义原则建造的。从总体上看，罗马建筑一般不追求外表上的华美壮观，而是完全从经济实惠、坚固耐用的城市公共设施和为绝大多数公民所享用的实用价值出发。

　　罗马式建筑的形式、风格在西方古典建筑中颇具特色，其特点是大圆柱形，主要表现在大型建筑物和神庙上。古罗马人的建筑种类繁多，大体可以分为五种类型：城防建筑（城墙、城市要塞）、宗教圣地（神庙、神殿)、娱乐场所(剧场、角斗场)、公共设施(公路、公用水池、公共浴室、地下水道、引水道、广场、会堂等)、纪念物(凯旋门、记功柱、宫殿),其中以公共设施最为重要,也最为典型,因为它给罗马人民受益最大,闻名于世。

罗马的道路建设令世人瞩目。许多人用"条条大路通罗马"来比喻事物具备多种可能性,但其结果是一致的,亦称"殊途同归"。其实这种说法并不是随意杜撰和臆造的,历史上确实存在其事——它发端于古代的罗马。这条谚语非常形象地说明了昔日罗马帝国四通八达、交通甚为方便的景况。罗马人之所以热衷于公路的修筑营造,与罗马人的对外侵略战争有着直接关系。

由于古罗马人崇尚法治,不仅对阶级关系等讲求法则,对社会生活中的问题也都追求有序和规则,因此古罗马时代就有着规模宏伟的交通运输网。各交通大道一般都以罗马城为中心,呈辐射状向周围地区延伸。

公元前312年,为适应版图扩展和势力延伸的需要,在监察官阿庇乌斯的主持下,罗马人修筑了从罗马直达意大利工业中心卡普亚的大道,历史上名为阿庇乌斯路(当时实行以主持官员命名其工程项目,长度212公里),这是第一条高水平的罗马式道路。阿庇乌斯路是南下的大道,就在其后不久,罗马又修了一条北上的弗拉米乌斯路,直达亚德里亚海滨的北部重镇阿里米昂(今称雷米尼,全长368公里)。再从这条路北上延伸至波河流域,就可以与法、德、瑞士、奥地利等地相连,通达之途更为辽阔。至公元前2世纪,罗马又有几条大道建成:奥莱立亚大道以罗马为起点,向西北直达热那亚;瓦莱里亚大道横贯于亚平宁半岛;还有一条为拉丁大道,沿罗马的东南方向伸展,在卡普亚附近与第一条阿庇乌斯路接通。有如此多的高水平道路通向四面八方,所以也就留下了那句"条条大路通罗马"的谚语。由首都罗马用道路和意大利各地、英国、西班牙、小亚细亚部分地区、阿拉伯以及非洲北部连成整体,并把这些区域分成13个行省,

共有约320条联络道路，总长度为7.8万公里，以维持帝国在该广大地区的统治地位。

罗马大道网，以29条干道为主体，其工程技术标准和便于通行程度极高，因而被史学家誉为"这种道路工程是罗马最有特色的文化纪念物"。就第一条大道——阿庇乌斯路来说，它工程质量可靠、坚固牢实、"全天候"使用，无论雨雪风暴、翻山过桥都随时保证畅通。当时的交通军旅以坐骑为主，货物则用车运，因此这种道路必须宽度划一，足容数队车骑来往通行，还要保持路线基本平直，上下坡度力求低缓，桥梁设施配套齐全。路面本身要以沙石铺筑四层：最下面一层是奠基石，平铺于夯实的路基上；第二层是石块与灰土混合铺筑，用以充实路面、保证一定的高度；第三层是混凝土（或石灰），为路面提供牢实的基底；最后一层，也就是车骑直接接触的路表面，全以凿刻平整、接缝严密的1米至1.5米长的石板铺成，而且中间略为凸起，以便雨水流向两旁。路边皆以石砌保护，大道两旁还设水沟，疏排积水。主要军用大道宽11米—12米，其中间硬面部分宽约3.7米—4.9米，以供步兵通行，外侧为每边2.5米宽的骑兵道。这一套工程技术标准以阿庇乌斯大道首开其例，以后所修各条大道都循例施工，遂使罗马道路以优质高效名扬天下。英国史书评述说："这种道路工程的伟大体系纯属罗马人的事业，直至铁路时代到来以前，它使陆路旅行在方便快捷方面达到无可比拟的程度。"

条条大路通罗马，大道条条达八方。遍布帝国大地的道路网，建筑规范，管理有序，将千万个城乡紧密地联系起来，极大地促进了罗马帝国的繁荣和强盛——它是古罗马人治理国家中追寻法则的一个生动体现。

罗马大道在恺撒、图拉真皇帝等亲自监督建造下取得了杰出的成就，宏伟的道路工程为罗马帝国的强盛和罗马文明的传播创造了条件，到中世纪它又为全欧洲所利用。尽管历经千余年的岁月沧桑，今天我们仍随处可见罗马古道的遗迹，它们仿佛仍在向人们诉说昨日帝国的辉煌。

古罗马人发明拉丁字母

　　拉丁字母，是当今三种最具有影响力的文字符号（华夏汉字、拉丁字母、阿拉伯数字）之一，是目前世界上使用最广泛的一种字母文字系统，也叫"罗马字母"。

　　拉丁文是世界上流传最广的文字之一，是罗马文明对世界文化的一大贡献。拉丁文字是由居住在台伯河畔的拉丁姆平原上的拉丁人首先创造出来的，属于字母文字。拉丁字母是世界上最广泛使用的字母体系，也是大部分英语世界和欧洲人聚居区语言的标准字母。关于拉丁字母表的产生历来众说纷纭，莫衷一是。其中最有代表性的一种说法就是拉丁字母是由希腊字母的分支——伊达拉里亚字母表发展而来，而它的源头则可以追溯到约公元前12世纪叙利亚和巴勒斯坦通用的北闪米特字母。伊达拉里亚字母产生于公元前9世纪或8世纪初，通用于意大利中部的托斯卡纳人中。伊达拉里亚字母传留有许多铭文，但大部分未能释读成功。最初，罗马人从26个字母的伊达拉里亚字母表中借用了21个字母。公元前1世纪，随着罗马对希腊的征服，Y、Z两个字母被吸收近拉丁字母表。J、V两个字母是中世纪发明的，此前，书写时用I、U代替。最后，从罗曼语增加W，这样就形成了与现代英语字母相同的26个字母的拉丁字母表。根据这种观点，古典的拉丁字母表是直接由伊达拉里亚字母表发展而来，其受希腊字母表的影响只是间接的。

　　现有材料证明，拉丁文早在古罗马王政时代就已经开始使用，但最初

很可能像大祭司记年牌一样，只是简单地记载一些人名、时间、大事等，并没有形成能够清楚表述复杂含义的成篇文字。目前最早使用拉丁字母刻写的铭文见于普雷内斯大饰针上，这是一枚公元前7世纪的斗篷别针，文字从左到右写着"MANIOSMEDFHEFHAKEDNUMASIOS"，意思是"马尼乌斯与努美里乌斯制作了我"。另外一段早期铭文，即公元前6世纪的杜埃诺斯铭文，与拉丁字母的远祖一样，从右向左读出。大约在王政时期，老塔克文与伽比订立了特别条款，订约时曾杀死一头公牛为祭。该条约书写于牛皮之上，藏于奎里纳尔山丘的圣库斯神庙。该殿可能被毁于高卢人。还有赛尔维乌斯·图里乌斯与拉丁姆缔结的盟约，它原刻在铜表上，藏于阿芬丁山上的狄安娜神庙中。公元前259年出任执政官的老斯奇比奥的墓志铭应该属于最早的成篇拉丁文的例证之一。铭文中记述了斯奇比奥出征科西嘉和撒丁的业绩以及他统兵在非洲作战获得胜利的情况。由此段铭文可以看出，公元前3世纪时期的罗马人已经能够熟练地应用拉丁文。大概也就是从这个时期开始，拉丁文逐渐被广泛利用并逐步完善起来。据记载，当时已经出现了一些拉丁文诗歌散文等文学性作品和有名可考的作者。到帝国时期，随着帝国征服其他民族统治的加速，拉丁语这一罗马帝国的官方语言得到迅速的传播，除了在少数地区受到希腊语的抵制外，它逐渐取代了其他民族的语言，成为地中海世界最主要的语言。古罗马时期拉丁文字母有大写体和草写体。15世纪在意大利出现圆形的"人文主义体"，用于抄写书卷，即大写体；另一种有棱角的草写体，用于法律和商业。这两种手写体分别衍生出现在印刷的楷体和斜体字母中。

拉丁字母由于形体简单清楚，便于认读书写，流传很广，成为世界最通行的字母。西方大部分国家和地区已经使用拉丁字母。中国汉语拼音方案也采用拉丁字母，我国部分少数民族（如壮族）创字或改革文字也以拉丁字母为基础。

罗马帝国对西欧的统治，及其文化对整个欧洲的影响使得拉丁语成为了古代和中世纪欧洲的官方语言。即便是英语、德语，在词汇和语法上，也颇受其影响。

公元1世纪到2世纪，罗马字母与古罗马建筑同时出现在凯旋门、胜利柱和石碑上，罗马大写体严正典雅、匀称美观、完全成熟。文艺复兴时期的艺术家们称赞它是理想的古典形式，并把它作为学习古典大写字母的范体。它的特征是字脚的形状与纪念柱的柱头相似，与柱身十分和谐，字母的宽窄比例适当美观，构成了罗马大写体完美的整体。

在早期的拉丁字母体系中并没有小写字母，公元4世纪至7世纪的安塞尔字体和小安塞尔字体是小写字母形成的过渡字体。公元8世纪，法国卡罗琳王朝时期，为了适应流畅快速的书写需要，产生了卡罗琳小写字体，传说它是查理一世委托英国学者凡·约克在法国进行文字改革整理出来的。它比过去的文字写得快，又便于阅读，在当时的欧洲广为流传使用。它作为当时最美观实用的字体，对欧洲的文字发展起了决定性的影响，形成了自己的黄金时代。

15世纪是欧洲文化发展极为重要的时期，在这一时期德国人古腾堡发明铅活字印刷术，对拉丁字母形体的发展起了极为重要的影响。原来一些连写的字母被印刷活字解开了，开创了拉丁字母的新风格。同时这一时期正是欧洲文艺复兴时期，技术与文化的发展、繁荣迅速推动了拉丁字母体系的发展与完善，流传下来的罗马大写字体和卡罗琳小写字体通过意大利等国家的修改设计，完美地融合在一起。卡罗琳小写字体经过不断的改进，在这时得到了宽和圆的形体，它活泼的线条与罗马大写字体娴静的形体之间的矛盾得到了完美的统一。这一时期是字体风格创造最为繁盛的时期。

18世纪法国大革命和启蒙运动以后，新兴资产阶级提倡希腊古典艺术和文艺复兴艺术，产生了古典主义的艺术风格。工整笔直的线条代替了圆弧形的字脚，法国的这种审美观点影响了整个欧洲。法国最著名的字体是

迪多的同名字体，更加强调粗细线条的强烈对比，朴素、冷严但又不失机灵可亲。迪多的这种艺术风格符合了法国大革命的精神，是有现实意义的。在意大利，享有"印刷者之王"和"王之印刷者"称号的波多尼的同名字体和迪多同样有强烈的粗细线条对比，但在易读性与和谐上达到了更高的造诣，因此今天仍被各国重视和广泛地应用着。它和加拉蒙、卡思龙都是属于拉丁字母中最著名的字体。

意大利语包括拉丁语、意大利半岛其他地区的语言以及从拉丁语派生出的罗曼语。在罗曼语中，最重要的是法语、葡萄牙语、西班牙语和罗马尼亚语。

拉丁字母继承并发展了希腊字母形体上的优点：简单、匀称、美观，便于阅读和连写。由于拉丁字母本身的优点，法国、西班牙、葡萄牙人继承了它，形成了"拉丁文民族"。

《圣经》是拉丁文字写成的，由于基督教的传播和殖民扩张，现在整个西欧、美洲、澳洲及非洲的大部分地区都使用了拉丁字母。

拉丁文与拉丁语是古代世界上的国际文字和语言。拉丁语还是现代医药科学和生物学的重要工具语。医学界以正规的拉丁处方进行国际交流，中国1963年、1977年、1985年版的《药典》所载药物（含中草药及其制品）都注明了拉丁药名。现在世界上使用拉丁语的约4亿人，世界语字母也是参照拉丁字母制订的。

在21世纪的今天，这一古老的文字与语言仍然显示出它特有的生命力和价值。可见古代的罗马字母的历史价值。

拉丁散文泰斗西塞罗

西塞罗（前106—前43）是古罗马最著名的政治家、演说家、散文家和拉丁语言大师。他的作品具备了罗马文学的所有优点，是罗马散文的典范。甚至他的政敌、散文造诣颇高的恺撒对他的文章风格也佩服之至。老普林尼则称他是"演说家和拉丁文学之父"。他的演说词铿锵有力，他的论文通畅明顺，善于运用辞藻，尤其是他的《三论》（即《论老年》《论友谊》《论责任》），明畅华丽，晶莹澄澈，犹如西方文学宝库中三颗璀璨的明珠。可以说，他的作品达到了古罗马散文的顶峰，正如一位史学家所说的那样，西塞罗相当鲜明地体现了他那个时代的坚定和开阔精神。博大精深、兼收并蓄固然是他作为"拉丁散文泰斗"的看家本领，但在此之外，他还有清逸袒露、亲切近人的一面，"为罗马人自封为民族天职的统治世界的抱负披上人道主义的哲理与情怀"。因此，他对近代西方文明所产生的广泛影响，非仅在于他的文章精妙古今独步，还在于他对人性、民主、开明、共和等观念的启迪。

西塞罗出生于罗马东南部阿尔彼隆的一个骑士家庭，自幼受到当时罗马最好的教育。后来到希腊学习两年，除了在雅典遍访名师之外，他还像恺撒那样前往小亚细亚和罗德岛等地，继续研究演说技巧，并求教于著名的修辞学家莫隆，开始形成自己的演说风格。苏拉死后，西塞罗回到罗马，开始活跃于政治舞台上。他凭借自己的努力，靠着自己的演说才能，逐渐赢得了贵族的赞赏和普通民众的支持，成为当时最为出色的演说家。公元前63年，西

塞罗当选为执政官。任职期间他揭露了喀提林的阴谋，获得了"国父"的称号，达到其政治生涯的顶点。恺撒被刺后，西塞罗站在屋大维和元老院一边，继续发表演说，激烈抨击安东尼。屋大维和安东尼和解后，西塞罗成为第一批受迫害的牺牲品，于公元前43年12月遭安东尼杀害。

作为一个政治家，西塞罗无疑是缺少远见的，但作为一个演说家和散文作家，西塞罗却留下了大量的散文体著作、演说词、书信等，成为古罗马文学的光辉遗产。西塞罗充分吸收了希腊文化成就，结合自己演说的需要，形成了自己"讲究细心加工与自然流畅的结合，行文结构匀称，词汇优美，句法严谨，音韵铿锵"的独特风格。他的文体因此被誉为"西塞罗文体"，代表了罗马文学的最高水平，被后世奉为拉丁文学的典范。他能将讽刺、比喻、比较等，用非常简练、明快、优美、动人的词汇巧妙地组合起来，使自己的演说铿锵紧凑，犹如高山流水，欢畅清澈，雄壮有力。因此，每当他出现在罗马的法庭、元老院、公共场所进行演说时，总能获得听众的欢呼。他对听众热情友好，对政敌攻击尖刻粗鲁，用的都是轻快而流畅的语言，形式虽不免流于矫揉，但对于激发听众的情绪显然十分有效。他认为演说主要是打动听众的感情，而不是诉诸理性判断，因此他就不惜歪曲甚至捏造事实。他的演说风格被后世一些作家奉为典范。也正是由于西塞罗将演说这种文体发展到了完善的地步，因此对拉丁散文和拉丁语言的发展产生了一定的影响。

西塞罗传世散文作品主要是演说词和书信，数量之多堪称所有拉丁作家之最。他遗下的书信有900封，其中主要有《致阿提库斯书》16卷，反映了共和国晚期的社会政治生活，描绘了形形色色的政治人物，风格接近口语。他的演说词现存58篇，一部分是法庭演说，另一个部分是政治演说。其中最为著名的是《控告维勒斯辞》《控告喀提林辞》等。此外，还有哲学著作《论神的本性》《论善与恶的定义》以及政治理论著作《论国家》《论法律》等20篇。西塞罗的文章博大精深、清逸豁达，文体通畅、亲切近人，有"拉丁文典范"之称。他无愧于"拉丁文的奠基人和泰斗"的美誉。

罗马修辞学家昆体良在其权威著作《修辞学》中也曾经说:"总而言之,在散文文学的各种体裁中,正是我们的公共演说家们取得了可与希腊人相比的成就,我可断言西塞罗绝不低于他们中的任何人。我完全知道这种说法可能引起那些崇拜希腊的人的非议,但我仍然认为德莫斯提尼和西塞罗相比,在许多方面都可以说旗鼓相当,尽管他们的文风迥异不同。至于说到机智诙谐和引人同情……那么我们的大师显然更具优势。当然,希腊人也有一个我没法与之相比的条件:他们走在前面,他们拜之为老师,因此,正是他们引导了西塞罗达到可与他们比肩的境界。西塞罗真是这样一位全心全意仿效希腊成果的人。在我看来,他成功地聚集了希腊前辈大师的优点,在他身上同时具有德莫斯提尼的力量、柏拉图的丰富和伊索克拉底的完美。但他不是仅仅靠细心学习达到这一点,他的绝大部分甚至全部优点都出自他本人,出自他涌泉般无穷无尽的超人的天才。因此,表面上他承受恩赐的东西,实际上确是他凭力量取得的;在法庭上,法官们是为西塞罗的言语所左右,但他们却心悦诚服,自以为是根据自己的意愿而做决定,毫不觉察他们其实是受他指使。"

朗吉努斯在其美学著作《论崇高》中对西塞罗的风格也作了非常恰当的评述,他说:"德莫斯提尼的崇高风格在于其峻峭挺拔,孤峰独立,而西塞罗的优点则是其蔓延扩伸,有如燎原之火,无往不克,喷薄腾跃于整个田野。这是从他自身迸发出来的火焰,丰富而从不衰竭,可以随其意愿时在此处,时在彼处扩散蔓延,而且只要燃料在手,可以不时死灰复燃,犹如野火之常现。"

西塞罗不愧为西欧文化史上一位语言巨匠。其作品不仅在意大利影响深远,而且在英法等国也广为流传,出现了不少信仰者和爱好者。如15世纪英国人文主义者约翰·弗利的图书馆里就经常挤满了许多西塞罗著作的忠实读者。

才华盖世的恺撒大帝

在早期罗马史学中，特别值得一提的是恺撒大帝（前100—前44）。他不仅是一位叱咤风云的政治家、富有才干的军事家，而且也是一位才华横溢的散文家和历史学家。因此有人夸张地说：在罗马每走一步，都能感觉到恺撒的存在。他为了表白自己的业绩、心胸和处境而写的《高卢战记》和《内战记》成为传世的历史名作。

公元前58年—公元前49年恺撒曾经出任高卢总督，并以此为基础不断扩张政治和军事势力。《高卢战记》一书就是他在总督任期内的公元前52年写给他在元老院的政敌们看的。当时恺撒尽管战功显赫，但仍然受到政敌们的种种猜疑和非难。于是，为了将自己在高卢的活动和战绩公之于世，以表明自己坦荡的胸怀，恺撒只好采取这种朴实无华秉笔直书的姿态进行解说。在行文中，恺撒用第三人称，通篇叙事不露任何情感。语气平和，笔调简洁，既不怪宿敌，也不自吹自擂。仅通过他人之口转述自己的宽容和仁慈。这种仿佛漫不经心、平铺直叙的写作手法给读者留下的印象是作者的胸怀坦荡，文字不加雕饰，读来使人感到"朴素、率直和典雅"。恺撒正是在这样一种轻描淡写的气氛中，说明了自己征战的理由。表现出尽管他的政敌们留在罗马整天蜚短流长，在背后使坏，百般中伤，他却像长城般屹立在意大利的北方，似一道屏障，保卫着罗马的安宁和繁荣。当然在事实上恺撒也难免有强调困难、夸大战功之处。

《高卢战记》共8卷（第8卷系恺撒的部将希尔提斯所写），记载了开始征服和统治高卢的始末，包括他对高卢人和日耳曼人所进行的一系列的战争，以及公元前55年和公元前54年两次入侵不列颠岛的经过。这部著作对高卢地区的山川形势、特产状况、民族分布、风土人情等有详细的描述。由于《高卢战记》是唯一一部当事人记载重大战争活动的著作，具有极高的可靠性。今人的考证也证明恺撒关于高卢人和日耳曼人的记载是符合历史事实的。因此它基本是一部确凿可靠的史著，成为近现代史学家们研究古代日耳曼人和克尔特人的重要依据。恩格斯在写作《家庭、私有制和国家的起源》《马尔克》《论日耳曼人的古代历史》等著作时，都曾大量引用了恺撒的记载。此外，恺撒的历史著作简洁明快，文风朴实，文笔简练，铿锵可诵。《高卢战记》一书在古代就普遍受到欢迎，自文艺复兴以来则一直被当作学习拉丁文的启蒙范本。

《高卢战记》是一部当事人亲笔记录重大战事活动的著作。它使后世对高卢战争比对其他古代军事行动了解得更多。在这点上它比其他历史书更有价值。不过它实际上是战地纪实，又是回忆录，加上一些其他材料，不完全是历史。又因它多处描述日耳曼各族风土人情，很受欧洲各国的重视。

《内战记》是恺撒继《高卢战记》后写成的又一部重要著作。人们常常把它与《高卢战记》和另外3部作者不详的《亚历山大战记》《阿非利加战记》《西班牙战记》合称为《恺撒战记》。

《内战记》大约完成于公元前45年蒙达战役之后。当时遍及帝国全境的战争虽已结束，但大规模的重建工作才刚刚开始，罗马人对行省的统治秩序也没有彻底地恢复，国家的一切事务都急需恺撒去处理和解决。因此，摆在恺撒面前的任务并未因战争的结束而有所减轻，相反却因头绪繁杂而更加繁重。他必须经常参加元老院的有关会议，亲自制定和实施有关决议，恢复因战争而终止的各种事务；同时他还要经常召开公民大会，组织城市平民的各种娱乐活动。然而，繁忙的国务活动并没有使他放弃或忽

略《内战记》的写作，相反他十分重视这项工作。这显然有着明确的政治目的。尽管恺撒在《内战记》里没有明确说出，但我们还是能从它的字里行间清楚地看到：首先是推卸自己发动内战的责任，为自己的行为辩护；其次是抨击共和制度，为自己的独裁制造理论根据。

经过7年苦战，恺撒征服了整个高卢，但他和罗马世界的另一个巨头庞培之间的关系却愈来愈紧张。克拉苏原来作为第三股力量，在他们之间起着平衡作用，这时已经死在安息。恺撒的独生女儿尤利娅嫁给庞培，本来是他们间的联系桥梁，又因难产身亡。从此他们间的关系急转直下。这两个人，一个有从高卢战事中获得的财富、声望和一支久经沙场的军队作为资本；另一个有元老院、整个罗马的国家机器以及除高卢以外的所有行省作为后盾，可以用合法政府的名义发号施令。双方都有恃无恐，终于使内战的爆发变成不可避免。

内战有它很深刻的社会经济根源，主要是由于近两个世纪以来，罗马的奴隶制经济基础发生了根本性的变化，而它的国家体制却没能跟上去。奴隶主阶级中的所谓民主派和贵族共和派分别代表要求改革和反对改革的两种势力，展开了历时百年的激烈斗争，爆发在公元前49年的恺撒和庞培间的内战，就是这两种势力的总决战和总清算。它的直接导火线则是恺撒的职位继承问题。

恺撒的高卢行省长官职务，根据瓦提尼乌斯法案，原任期5年，即从公元前59年3月1日到公元前54年2月底。在公元前55年，又由特雷博尼乌斯法规定延长5年，即从公元前54年3月1日延长到前49年2月底。任期满了之后怎么办，这件事不但恺撒自己担心，而且他在罗马的那些同党也着急。如果他到那时放下兵权，只身返回罗马，以马尔库斯·加图和克劳狄乌斯·马尔克卢斯等人为首的他那些政敌，肯定会利用这个机会来陷害他，主要办法是收集一些他在行省的违法行为到法庭上去控告他，轻则流放，重则还有不测之祸。因为罗马的法律规定，现任官员不受控告，所以恺撒考虑，他只有以现任官员的身份返回罗马，才可避免这种危险。因而最理想的事情就是他在高卢任满之后，马上当选为公元前48年的执政官。按照多年来的老习惯，他在公元前49年2月底任满后，来接替他的一定是公元前49年的两个执政官之一；但他们不到任期届满时，不能离开罗马前来履任。这样一来，恺撒即使在这年3月初满任，仍可以留在高卢任上，直到年底交接，然后年初到罗马去接任公元前48年的执政官。但他要当选执政官还有一重障碍，因为罗马的法律规定，参加执政官竞选的人必须在选举前亲身到主持选举的官员那边去报名登记。恺撒身在高卢，自然不能到罗马去登记，这样就根本没有当选的可能。这一点，恺撒本来早已有所准备。公元前56年他和庞培、克拉苏在高卢会面时，三方就已经约定恺撒在公元前48年回罗马去担任执政官。这就等于是允许他可以免去亲自赴罗马登记这一手续，只是当时并没正式用公民大会或元老院的一道法令明确下来，到公元前52年，才由10位保民官联合提出允许恺撒免除亲自竞选的法律草案。尽管这时庞培已经在和元老院里的贵族共和派接近，但他还没有下决心反对恺撒，所以便让这条法律通过了。但在这一年的晚些时候，庞培得到加图一流人的拥戴，担任了执政官，建议通过了一系列法律，其中就有一条规定以后执政官和司法官一年任满之后，不得马上出去担任行省长官，而需间隔5年。还有一条法律重申过去的选举法，规定自选者必须亲自到场登记参加竞选。前一条法律意味着来接替恺撒的，不再是他原来设想的公元前49年的两个执政官之一，而是5年前早已卸任的某一个执政官。这是一个早已闲在罗马的人，一接到任命就可以在公元前49年3月初进来接替。这就使恺撒失去一段可利用的过渡时期。后一条法律等于取消了10位保民官提出通过的法律。后来经过保民官们抗议，庞培虽然答应可以把恺撒作为例外，但显然将来还可借口以事后插进去的而否认其合法性。这也就是说，恺撒在行省长官的任期届满后，势必出现一段既非行省长官又非现任执政官的时期，他要么作为一个流亡者逗留外国，要

么作为一个私人返回罗马，听任敌人摆布。恺撒当然不是一个会俯首听命于敌人的人，在平息了高卢大起义之后，他就一心一意地准备应付这场新的挑战。

他在这段时间里做了许多讨好罗马人民和军队的事情，例如他以追悼他死去的女儿尤利娅为名，在罗马举行大规模的招待演出；他用在高卢掠来的大宗金钱在罗马和意大利到处建造公共建筑，最富丽堂皇的就是罗马大市场的"尤利马斯公所"。至于名公大老接受他馈赠和借款的更是不计其数。大概也正是在这时，他把士兵的薪饷提高了一倍。他又答应给河北高卢人罗马公民权，对新征服的外高卢地区更是软硬兼施，在镇压了大起义之后，马上回过头来竭力拉拢起义者的领袖们，居然做到使高卢在后来发生内战的时候，成为他最可靠的后方。

恺撒一面在意大利内外大肆收买人心，一面又想尽办法在元老院里做争取，朝有利于自己的方向发展。他认为，自己的目标十分明确，如果能用和平合法的手段得到，就决不冒险使用武力。他自信，只要当上执政官，回到罗马去和庞培面面相对，自然有办法制服他，至于那些傲慢无能的贵族共和派，更不在他眼中。因此，首先他决心不和元老院决裂，宁愿作出一些让步以期通过谈判达到目的。其次他还在元老院中安插一些得力的保民官，作为自己的代理人，使他们用否决权来阻止贵族共和派采取不利于他的措施。公元前50年的保民官库里奥、公元前49年的保民官马尔库斯·安东尼和卡西乌斯·隆吉努斯，就都是他的这种工具。

果然，在《内战记》一开场就可以看到，恺撒的一再让步，一再提出和解的建议，使元老院中的贵族共和派阵脚大乱。他们的头头们理屈词穷，进退失据，陷入非常狼狈的境地。恺撒的代理人库里奥、安东尼等人在元老院的阻挠活动，也使得这些人寸步难行。这些口口声声以保卫法律、保卫祖宗成法自居的人，被迫只能一步步走上践踏一切法律和祖宗成文法的道路，他们最后援用紧急戒严法和逼走保民官，无异授人以柄，使恺撒虽然失去了合法解决的机会，却得到了带兵渡过鲁比孔河的借口。

恺撒的《内战记》共分3卷，记述了他战胜庞培及其党羽的经过。他以传统的价值观为自己的行为辩护。当他的尊严受到威胁并被从前的朋友抛弃时，他就要用武力来保卫罗马人民的自由，反对少数强硬分子的阴谋诡计。

《内战记》一开始就紧接《高卢战记》，从恺撒和元老院之间的往来交涉讲起，讲到渡过鲁比孔河后怎样在意大利人民的热烈支持下节节胜利、终于迫使庞培放弃意大利逃往东方；然后再分别叙述在西班牙、马西利亚和阿非利加的战事；最后才叙述东方战场的正式决战，恺撒在法萨卢斯一战击溃庞培，庞培在逃去埃及时死在亚历山大里亚，恺撒接着也追到那边，卷入埃及的王室纠纷。

《内战记》出于恺撒手笔，一向没有人怀疑，因为它的写作手法、风格和习用词汇等等，都是和《高卢战记》一致的。从几次提到战后的事情来看，我们大致可以推测《内战记》是在蒙达战役（公元前45年）之后，整个内战已告结束时才写的。但书名既然叫《内战记》，何以又只写内战的最初两年，而不一直写到结束，这可能是和公元前44年3月15日恺撒被刺的悲剧有关。

应该说，通过写作来抒发自己的政治主张并非始于恺撒，但如此自觉、如此明确地利用写作来为自己的政治目的服务，实属恺撒首创。

恺撒的著作不是单纯的历史，他们在军事、政治、人种学、文学等方面都有一定的价值。在公元前1世纪的罗马史学中，恺撒的著作在材料丰富、描述生动、文字简洁等许多方面均属上乘之作。

桂冠诗人维吉尔

古罗马诗人维吉尔生于阿尔卑斯山南高卢曼图亚附近的安得斯村。他在家乡受过基础教育后，去罗马和南意大利，攻读哲学及数学、医学。约公元前44年维吉尔回到故乡，一面务农，一面从事诗歌创作，是古罗马奥古斯都时期最重要的诗人。

罗马最伟大的诗人维吉尔并非罗马人，他早年住在曼图亚附近的安得斯村，父亲是个富足的农民，使维吉尔受到良好的教育。少年的维吉尔先后被送进克雷莫纳和米兰的学校学习。他17岁时赴罗马，向当时最优秀的老师学习修辞学和哲学。维吉尔原想从政，但由于生性害羞，拙于言辞而放弃，后来从事律师职业又遭失败。晚年定居那不勒斯乡间，以写诗为业，兼习农事。由于他才华出众，诗作非凡，政治上支持奥古斯都的元首制，因此一直是奥古斯都最尊重的诗人。他的主要作品有3部：《牧歌》《农事诗》和《埃涅阿斯纪》（又译《伊尼阿德》）。

维吉尔第一部公开发表的诗集《牧歌》共收诗10首。每首诗具体写作年代不详。《牧歌》（一称田园诗）始于公元前3世纪时的亚历山大诗歌，代表诗人是特奥克里托斯，约在公元前1世纪传入罗马。维吉尔的《牧歌》主要是虚构一些牧人的生活和爱情，通过对话或对唱，抒发田园之乐，有时也涉及一些政治问题。该诗一经问世立即在罗马诗坛引起轰动，并且受到屋大维的重视。这不仅说明维吉尔已经得到了当局的赏识，而且也说明他的诗确实有针砭时弊、反映民间疾苦的特色。

维吉尔的第二部作品《农事诗》，写于公元前37至公元前30年间，共4卷（每卷500余行）。这是一部有关农业生产的诗歌。第一卷谈如何种庄稼；第二卷谈如何种植葡萄和橄榄；第三卷谈如何经营畜牧业；第四卷谈如何养蜂。维吉尔的《农事诗》受到了希腊田园诗人赫西俄德的影响，但对他的创作影响更为直接、更为重要、更加明显的则是罗马人重视农业的传统。维吉尔本人自幼生活在乡村，有着长期丰富的乡村生活经历，而麦凯斯又迫切希望维吉尔能用自己的诗歌来为屋大维的政策服务，这一切促成了维吉尔对《农事诗》创作的倾情投入。他在诗中歌颂了劳动人民的辛勤、伟大和意大利优美的环境和富饶的资源，表达出自己对乡村生活的向往和热爱。用如此美丽的诗篇描述那些带有浓郁乡土气息的农业操作，这堪称世界诗坛上的一大奇观。正是由于维吉尔将枯燥的农事写得十分生动有趣，因而深得屋大维的欣赏，曾经连续4天听人朗诵这首诗。此后，屋大维与维吉尔的交往更为密切，等到屋大维自称奥古斯都并建立元首政治后，维吉尔作为“皇帝桂冠诗人”的地位渐为世人所公认。从此后他将自己的全部精力投入到史诗《埃涅阿斯纪》的创作中。

奥古斯都一直希望有一部文学史诗来赞美罗马帝国的建立以及他在建立帝国过程中的艰辛。在他的授意下，维吉尔创作了《埃涅阿斯纪》这部世界文学史上的著名杰作。这是他生命最后10年心血的结晶，直到诗人去世前才基本完成。据说临死之前维吉尔曾经立下遗嘱将诗稿焚毁，但奥古斯都知道后下令将其收藏起来。全诗12卷，1万余行，叙述英雄埃涅阿斯在特洛伊城被希腊军队攻陷后离开故土，历尽艰辛，到达意大利建立新的邦国的故事(其后代建立罗马)，以当地部落首领图奴斯与埃涅阿斯决斗被杀结束。史诗借用神话传说歌颂罗马国家，歌颂奥古斯都统治的历史必然性。其情节结构模仿了荷马史诗，但具体描写有自己的特色。全诗情节生动，故事性强，语言凝练。《埃涅阿斯纪》是欧洲文学史上第一部个人创作的史诗，自问世到现在，一直受到很高评价。

《埃涅阿斯纪》向世人展现了这样一个动人的故事：特洛伊被攻陷之后，埃涅阿斯背父携妻，率领族人逃离故土，逃往西西里。由于受到神祇的阻挠，被风暴刮到北非古城迦太基，在这里埃涅阿斯与女王狄朵相爱结婚。但由于神明所遣，埃涅阿斯又忍痛离开迦太基，前往意大利，导致女王狄朵自杀殉情。经过一番艰难险阻的磨砺，埃涅阿斯和自己的族人终于来到了意大利的拉丁姆平原，并得到女巫帮助游历阴间，在这里亡父向埃涅阿斯预示了未来之事。此后拉丁姆王拉丁奴斯盛情招待了埃涅阿斯，并将自己的女儿许配给他为妻。然而拉丁奴斯此举引起了鲁图利亚王图奴斯的嫉妒和仇恨。最后埃涅阿斯杀死图奴斯，成为罗马人的祖先，也就是罗马的开国之君。

《埃涅阿斯纪》取材于意大利民间传说，以歌颂罗马祖先的丰功伟绩为主题，激发了罗马人的爱国精神，是罗马民族的史诗。由于时代不同，维吉尔不可能再像《伊利亚特》那样去描绘残酷而激烈的战争细节。他需要以更高的合理性来将罗马的祖先和祖国的建立理想化，使之更加符合罗马的道德规范和荣誉感。因此通读全诗，人们可以体会到传说的现实含义：主人公埃涅阿斯虔诚、勇敢而又仁慈，是理想的罗马英雄形象；埃涅阿斯是维纳斯女神的儿子，在世系上就是朱里亚家族的远祖，因此恺撒和屋大维也就是女神的后裔，奥古斯都具有祖先的优良品格，是神选的开国之君，其统治是天命所归。唯有罗马人才懂得如何统治一个帝国。《埃涅阿斯纪》尽管在结构、具体情节和艺术手法上模仿了荷马史诗，但维吉尔却能立足本民族传统，广采博收，融会贯通，并充分发挥自己的特长，推陈出新。虽然他的诗与荷马史诗有很多相似之处，但深入比较可以发现，维吉尔的诗显得更加严肃、深沉，且更富有戏剧性，在艺术表现方面代表了罗马诗歌的最高成就。他运用优美的拉丁文辞句、节奏和韵律，以曲折的情节使史诗具有戏剧性的发展，读来颇能引人入胜而不显冗长。尤其是其中的战争和搏斗场面惊心动魄，情爱缠绵之处则更是吸引了读者，充分显示了作者博大精深的诗才和功力，其文学成就和宏伟气魄完全可以与荷马史诗相媲美。

《埃涅阿斯纪》问世之后立即取代了恩尼乌斯《年代记》的地位，成为欧洲文人史诗的开端，它使古代史诗在人物、结构、诗韵、格律等方面进一步趋向定型，史诗中不少诗行成为当时流行的名言警句，被视为古代罗马文明的标志之一，维吉尔因此而成为罗马最有名望和最有才华的诗人。但丁认为维吉尔最有智慧、最了解人类，因而在《神曲》中让他作为他在地狱和炼狱的向导。斯宾塞的《仙后》、弥尔顿的《失乐园》都有模仿《埃涅阿斯纪》的痕迹。

古罗马的才情诗人贺拉斯

贺拉斯（前65—前8），罗马最主要的讽刺诗人、抒情诗人和文艺批评家，和维吉尔齐名于奥古斯都时代的诗坛。但两人的风格和创作倾向却大不相同。如果说维吉尔是博大精深、文采飞扬，并侧重民族精神与爱国主义的话，那么贺拉斯可以说是恬静随和、才思隽永，并特别专注于人性理想与人生哲理。他们两人友谊笃深，均为奥古斯都所器重，但又都保留着某种超然于幕僚之外的独立姿态。

贺拉斯出生于意大利东南部的韦努西亚，父亲做过税收员，有一座不大的农庄。因不满于当地的教育，父亲于公元前52年携年幼的贺拉斯来到罗马接受了很好的教育。他送儿子师从于著名的文法家奥尔比利乌斯。公元前45年，贺拉斯前往雅典深造。这使他很早就受到希腊文化的影响，成为希腊文化的崇拜者，并由此拓宽了自己的学识。公元前44年，恺撒大帝遇刺身亡，此时正在雅典求学的贺拉斯参加了反对恺撒的共和派军队。公元前42年，共和派在战斗中失利，他逃回意大利。公元前41年屋大维颁布大赦令，贺拉斯才得以返回罗马，不久在罗马谋得一个小差事，开始从事诗歌创作。由于他家贫位卑，因此心中常有愤世嫉俗之感，这就导致他在诗歌创作中特别喜欢写讽刺诗，以自己所特有的敏感和洞察力去嘲讽世人的愚蠢和贪婪。在罗马，贺拉斯的诗才很快引起了维吉尔的注意，并通过维吉尔得到麦凯纳斯的赏识和庇护，此后他处境渐佳。公元前33年，他接受麦凯纳斯的馈赠，在离罗马不远的萨宾地区获得了一座小庄园。从此，贺拉斯生活稳定，或生活在庄园，或生活在罗马，悠闲自在地进行诗歌创作。从这一时期的诗歌创作也可以看出他特别喜爱自己的小农庄。同时，经麦凯纳斯等人的提携，再加上本人所特有的诗人魅力，贺拉斯自然进入了罗马上流社会，经常与上层文化人物来往。此后他的作品更加丰富，除继续发表一些讽刺诗之外，还发表了一系列问答体或书信体诗歌，既有评价社会和人事的内容，也有融入音乐的颂歌和长短句赞歌，风格也一反传统的冷嘲热讽，更多赞美生活，欣赏舒适安逸的环境、大自然的美景。由于贺拉斯渴望理性与情感的融合，他鼓励人们去寻求愉快的经历，但要人们避免走极端，将欲念置于理性的控制之下。他还经常提醒罗马人不要忘记毁掉共和国的可怕内战。

公元前19年，维吉尔去世后，贺拉斯顺理成章成为罗马第一诗人，深得奥古斯都的青睐。即便如此，贺拉斯还是保持了一定的个人独立性，他曾不止一次地以自己不善于写史诗为由，婉言谢绝了撰写歌颂奥古斯都功绩的史诗的要求。据说奥古斯都曾建议贺拉斯作自己的秘书，但也被他婉拒了。公元前17年，罗马举行"盛世大祭典"，贺拉斯应奥古斯都之命创作百年大庆的赞美诗。他采用希腊歌体诗的节奏和韵律，并配以华丽的歌词写就的《世纪之歌》，以其优美的旋律，获得了极高的赞誉。

贺拉斯的传世作品主要有《歌集》4卷，《讽刺诗》2卷18首、《书信集》2卷和《长短句集》1卷。《讽刺诗集》和《长短句集》是他的早期作品，题材和思想倾向比较接近。他自称继承了罗马讽刺诗人卢齐利乌斯的讽刺传统，但他的诗作没有前者所特有的抨击时政的色彩，而主要是进行道德说教、嘲笑吝啬、贪婪、淫靡等各种恶习，从伊壁鸠鲁的"合理享乐"理论出发，宣扬中庸的生活哲学和闲适的田园之乐，反映了罗马由动乱向专制过渡时期人们普遍的消极心理状态。由于他的讽刺诗的这种内容和有别于史诗的语言形式，他把自己的讽刺诗集称作《闲谈集》。长短句是一种带有一定讽刺色彩的诗体，始自希腊抒情诗人阿尔基洛科斯。贺拉

斯的《长短句集》中有些诗写作年代较早，约成于共和派在腓力浦战败之后，当时诗人谴责内战，意志消沉，对罗马的前途悲观绝望，表现了一定的共和倾向。另有一些写作较晚的诗，则具有明显的抒情诗色彩。

公元前23年，《歌集》前3卷发表，收入诗作88首，其中有些诗内容比较庄重、严肃，但大部分属抒情诗类型，是诗人在《讽刺诗集》和《长短句集》发表之后陆续写成的。他的抒情诗以希腊抒情诗为典范，采用阿尔凯奥斯、萨福、阿那克里翁等人首创的各种抒情诗格律，内容则取自罗马现实生活。这些格律大多是首次介绍到罗马，促进了罗马抒情诗的发展。他的抒情诗的特点是：题材比较广泛，充满对当时流行的伊壁鸠鲁派和斯多葛派伦理哲学的议论，抒情成分较弱，但由于引用了不少希腊神话典故，形象鲜明。同《讽刺诗集》和《长短句集》相比，《歌集》中政治题材的诗明显增加。这时诗人已经放弃共和理想，同新制度合作，逐渐成为奥古斯都的宫廷诗人。他继续谴责内战，把刺杀恺撒同内战罪行联系起来，把奥古斯都称作为恺撒复仇的人。诗中抨击社会道德败坏，这是同奥古斯都整顿社会风尚、恢复古代道德的政策密切联系的。《歌集》第3卷前6首又称《罗马颂歌》，宣扬官方思想意识的倾向更为明显。议论什么是幸福，赞扬爱情和友谊，是贺拉斯的抒情诗的另一重要主题。他认为，真正的自由和幸福在于保持内心宁静，对灾难和死亡无动于衷，及时而适度地享受人生之乐。这同他在《讽刺诗集》中宣扬的生活理想是一脉相承的。他的爱情诗中有不少虚构的人名，感情不及卡图卢斯的真挚，也不如普罗佩提乌斯那样缠绵哀怨。《歌集》第4卷发表于公元前13年，收录诗作15首，除前3卷常见的题材外，颂扬奥古斯都的诗句更多。公元前17年，贺拉斯奉奥古斯都之命，为罗马每隔110年举行的世纪庆典作《世纪之歌》，获得很高的赞誉。《世纪之歌》分上、下两段，前半部为罗马祈祝人寿年丰，后半部歌颂奥古斯都统治下罗马道德的复兴。全诗用萨福诗体写成，音调和谐，风格庄重。

　　贺拉斯有关文艺理论的名篇是《书信集》中的《诗艺》。《诗艺》集中体现了贺拉斯的文艺理论思想。贺拉斯根据当时的社会要求，结合自己的创作体会，以给皮索父子写信的方式，提出了一些理论主张，后被罗马修辞学家昆提利阿努斯称之为《诗艺》。在文艺与现实的关系上，贺拉斯继承了艺术模仿自然的观点，主张作家应从生活中去观察，到风俗习惯中去寻求创作的模型等。但他又不仅仅满足于此，他更主张在模仿自然基础上的创造创新，要大胆地创造合情合理的艺术作品，强调艺术可以虚构，只要符合生活的逻辑。贺拉斯对文艺理论的最大贡献是提出古典主义以及关于艺术创造的"合式"原则。他是古典主义的奠基者，这里所提倡的古典主义主要指罗马的文艺要向古希腊的文艺学习，借鉴古希腊的文学形式，创作出符合罗马时代特征的艺术作品。他把古希腊文学作为典范加以借鉴，主张采用古希腊的史诗、悲剧等古典题材，然后进行一番创新，努力创造出表现罗马奴隶主上层社会人物的丰功伟绩、无愧于罗马帝国的伟大艺术作品。他所提倡的创新主要体现在两个方面：一是表现在写作目的上，要歌颂罗马的光辉业绩，他要求从古希腊文学中取材，其主要目的还是为现今的罗马时代服务。二是表现在语言文字上，他认为每个时代都有每个时代的独特的语言文字，创作者要敢于创造属于当今时代的语言文字，他说："创造出标志着本时代特点的文字，自古已然，将来也永远如此。每当岁晚，林中的树叶发生变化，最古老的树叶落到地上；文字也如此，老一辈的消逝了，新生的文字就像青年一样，将会开花、茂盛。"可见，他敢于创新的精神在当时还是很可贵的。在关于艺术的创造方面，贺拉斯提出了著名的"合式"原则。所谓"合式"原则，是就文学作品的内容和形式的和谐统一、合情合理而言的。从文学作品的"合式"原则出发，贺拉斯要求创作者要充分重视作品的整体美，结构要有序，前后一致，人物性格不能前后矛盾，语言要符合人物的身份等。他在《诗艺》开篇就打了个比喻："如果画家作了这样一幅画像，上面是美女的头，长在

马颈上，四肢是由各种动物的肢体拼凑起来的，四肢上又覆盖着各色羽毛，下面长着一条又黑又丑的鱼尾巴，朋友们，如果你们有缘看见这幅图画能不捧腹大笑吗？"从这个形象的比喻我们可以看出，贺拉斯是非常重视作品的整体美、统一性的。

在文艺的社会功用上，贺拉斯提出了著名的寓教于乐的艺术功用说。他认为，文艺具有教与乐的双重功能，主张诗的教育作用和快感娱乐作用都很重要，不可偏废，艺术的教育作用体现在艺术的快感娱乐作用之中，是通过快感娱乐作用来表现的，贺拉斯的寓教于乐是"教"与"乐"的有机结合与统一。他说："诗人的愿望应该是给人益处和乐趣，他写的东西应该给人以快感，同时对生活有帮助。……如果是一出毫无益处的戏剧，人们就会把它驱逐下舞台，如果这出戏毫无趣味，高傲的青年骑士便会掉头不顾。寓教于乐，既劝谕读者，又使他喜爱，才能符合愿望。"在这里，贺拉斯看到了文学艺术的审美作用和认识教育作用的有机统一。文学艺术是审美的，它给人快感，并能给人以吸引力，引人入胜，但在文学艺术的审美作用之外，还有一个认识教育的作用，它让人们在接受快感和乐趣之后，能够有所认识和深思，在审美欣赏之余，给人以教育。优秀的文学艺术作品必然是文学审美价值和认识教育价值结合得比较好的作品，它能够让人们获得娱乐快感的同时，给人们带来潜移默化的启发和教育。

贺拉斯的《诗艺》是西方人谈诗的第一部著作。在《诗艺》中，贺拉斯提出了古典主义的诗学原则，关于艺术创造的"合式"原则，以及关于艺术创作和欣赏的"寓教于乐"原则等，对后世影响很大，法国17世纪流行的新古典主义就深受其影响。尽管这些理论和原则在当时所起作用有限，而且其本身也有一些程式化、模式化等倾向，但这不会影响其在历史中的巨大作用。

"情诗奇才"奥维德

　　奥维德（前43—前17）是奥古斯都时代第三位重要的诗人。他比维吉尔、贺拉斯年轻得多，活动之时正当奥古斯都统治后期，天下太平已久，享乐之风日益盛行，因此，他的诗不那么倾向于颂扬奥古斯都时代的和平，而是偏重于表现浪漫和幽默。奥维德早期创作的一些爱情诗与当时这种社会风气不无关系，他也因此被流放，并客死异乡。从他的经历可以看出，他和维吉尔、贺拉斯有很大的不同。然而，就诗才的杰出、作品的影响来看，奥维德比他的两位同行毫不逊色，可谓是旗鼓相当，他在古典传统中同样有杰出的地位。

　　奥维德出生于意大利图尔沙一个富有的骑士家庭。早年曾去罗马学习修辞学和法学，并漫游了西西里岛以及地中海东岸各地。父母原希望他将来能成为一名律师，但他本人的兴趣却在诗歌方面，并且他才华横溢，随便写作一些词句都能成为优美的韵文诗歌，因此深得奥古斯都的恩宠，他结交的也都是当时罗马文化圈中的一些名人。对于罗马另两位较他年长的著名诗人维吉尔和贺拉斯，奥维德只闻其名，并听过他们诵读，却不曾相识。他一生结婚三次，前两次为时不长，第三次可能白头偕老。公元8年，奥维德由于在诗歌创作中有悖于奥古斯都重塑道德的政策，被流放到黑海边的托米城（今罗马尼亚的康斯坦察）。在这个人地生疏、举目无亲的小城度过了自己的余生，其间奥维德曾写了不少诗歌寄给自己的罗马挚友，并数次请求奥古斯都的赦免，但终未能得到宠爱。公元18年，他在托米去

世，享年61岁。

奥维德一生多才多艺，大约从18岁左右开始写诗，前后40余年。根据他的创作经历和诗歌作品种类来看，其早期作品主要是爱情诗，有《恋歌》3卷、《女英雄》21篇、《爱的艺术》3卷和一首叙事诗《爱情的药剂》。这些诗歌的内容主要是论爱情、爱的艺术、美容和装饰艺术等。其主旨似乎是指导青年人如何去获得爱情和保持爱情，如何寻求爱情、挑选对象。由于他大胆描写爱情生活，详细刻画细节，因此颇遭非议，不仅失去了奥古斯都的宠爱，而且还因触犯了他的"澄清风俗"和"恢复古风"的政策而遭流放。但是应该看到，奥维德的爱情诗与一般宣扬色情的作品有明显不同，例如在诗中，他明确提出了挑选情人的标准，其条件很高，不仅要求懂得文学艺术，而且举止要端庄、谈吐要文雅。由于他的爱情诗对爱情心理，尤其是女性心理刻画细致入微，从而为爱情诗的创作开辟了一个新的境界。德国古典主义美学家莱辛就曾经称赞奥维德是"就美的效果来写美"的典型，奥维德本人也被认为是罗马文学的情诗奇才。

流放前，奥维德还写了《立法制》和《变形记》的初稿，流放期间又写了《哀怨集》和《黑海书简》。《立法制》是用诗句写的有关宗教礼仪和历法等事宜，风格严肃并具有爱国主义思想；《哀怨集》和《黑海书简》则反映了作者忧郁伤感的情怀，感情比较真挚，其中不乏佳作。而长诗《变形记》则是奥维德的主要代表作，是其成熟时期的作品，也是所有罗马文学作品中最受欢迎的。奥维德采用故事套故事的写法，使全诗环环相扣，彼此呼应，并根据卢克莱修"一切都在变易"的唯物论和毕达哥拉斯"灵魂轮回"的唯心学说，使各种人物最后或变成飞禽走兽，或易作花草树木，或化作顽石天星，让变形的特色体现在每一个故事中。整部作品思想丰富，形象鲜明，语言优美，风格别致，格调生动，富于变化，充分显示出高超的艺术独创性。正如一位权威评论家所述说的那样：奥维德以他特有的机智、幽默和荒诞笔调的描绘，向人们展示了一个迷人的世界，因此《变形记》不仅对罗马文学，而且对后世作家产生了广泛的影响，但丁、乔叟、莎士比亚、蒙田、莫里哀、歌德等都十分欣赏这部作品，这充分说明了它的巨大魅力。

《变形记》构思于公元前2年，但完成于奥维德流放期间。全诗共15卷，约40万字，包括大小故事250篇。奥维德一方面将古希腊、罗马神话故事汇集一起，按时代顺序把天地开创直至恺撒变成星宿的传说串联起来，另一方面他又通过神话传说曲折地反映了罗马社会的生活，如大神的淫乱专横，小神的卑微受欺，男女英雄之间不正当的性欲等。诗人以丰富的想象力、高超的艺术手法使情节更见变幻绮丽，他擅长的心理描绘更是增加了故事激动人心的力量。

《爱经》是奥维德乃至是古罗马文学史上一部颇具有争议的独特的文学名著。奥维德声称自己是爱情艺术的"启蒙者"和"导师"，一方面通过《爱经》教给罗马人爱情的艺术，另一个方面从理论上阐述了罗马人早已实践着的爱情。他的著作涉及性爱、偷情与私通，但并不败俗，其细腻的性心理描写、巧妙的寓意和对比无不与艺术密切相连。为了证明自己的观点，奥维德还引用了大量希腊罗马神话中的爱情故事，极为动人，给人以美的艺术享受。

《爱经》共有3卷，奥维德假称受爱神和爱神之母委托，分别向男女两性宣讲恋爱的技巧和艺术。其中：

第1卷向男性宣讲恋爱的场所，教导男性应该到何处去寻找自己喜爱的女子，以及怎样接近并取悦她们的艺术。

第2卷继续向男性说法，指导他们应当如何维系与所爱女子的爱情关系。在这两卷中，奥维德细致入微地阐发了男性与女性的接触方式、谈话方式的重要性，并且还以神话传说中的爱情故事生动形象地描写了形形色色的情爱类别。

《爱经》最后一卷是女性的课堂，专门为女性寻找恋爱的武器，教导

女性如何取悦男人，如何使爱情久长的艺术。

奥维德之所以在文学上能够取得突出的成就，除了其出众的文学才华之外，应该说和他毕生致力于发挥爱情这个主题不无关系。在奥维德的笔下，无论是抒情、议论、通信以至神话故事、鬼怪传说，都能以这个主题为纲，加以美丽而又优雅的表述。因此，在后人心目中，他的作品在这方面无疑是古典传统中的一个优秀代表。

罗马史学家波里比阿

　　大约公元前2世纪中叶，在罗马出现了一位杰出的希腊籍罗马史作家，即麦加波利斯人波里比阿（约前200—前118）。

　　波里比阿出身于希腊贵族，受过良好的教育，以学识广博、文武兼修为人所敬重。他广泛阅读希腊史学和哲学著作，认真学习地理学、地形学，深入思考政治、哲学问题，对历代帝王之承继、列强间力量之平衡、政治体制之变革有较深的研究。这些都为其成为著名的历史学家打下了良好的基础。公元前168年，希腊联军在与罗马军队进行的皮德纳战役中失败，当时在希腊联军中担任骑兵指挥官的波里比阿，战后作为希腊交给罗马的1 000名人质中的一员被带到罗马。到罗马后，波里比阿由于学识出众而被指挥皮德纳战役的罗马将军爱米利乌斯·鲍鲁斯聘为其子的教师。鲍鲁斯之子即后来的攻陷迦太基城的罗马将领小阿非利加·西庇阿。

　　结识了这样的上层人物，使波里比阿在罗马作为人质的16年名义上受监管，实际上却享有很大的自由。他出入罗马上层社会门庭，接触各种政治军事人物。还有机会广泛旅行，了解罗马周围和意大利的地理及风土人情。他曾目睹公元前146年迦太基城攻陷的悲惨情境，因此他能从极有利的角度，以一个局外人的客观眼光，观察罗马的政治、军事等大事演变，并有机会收集较多的可靠资料。公元前146年，人质得到释放，他作为自由之民继续旅行访问，为写作布匿战争的历史搜集资料。

　　波里比阿所著的《通史》，起自公元前218年第二次布匿战争爆发，终

于公元前146年第三次布匿战争结束，前后70余年，是一部断代史，而且是作者亲身经历的当代史。全书共40卷，其中前5卷完整地保存下来，其余各卷则残缺不全，另外还有些节录和摘要。总计传下来的部分约占全书的三分之一。不过，从这些保存下来的材料里，我们仍能看出全书的概况：前2卷为引言，简要地叙述了第一次布匿战争的史实，接着又论述了第二次布匿战争期间罗马与迦太基人的殊死搏斗，并详细分析了罗马人的政治制度、军事制度在罗马征服过程中的作用；然后叙述了第三次布匿战争、对东部地中海的征服及罗马帝国的最后建立。

波里比阿所著的《通史》不仅是罗马的历史，而且也是那个时代所知的"世界史"。在他的著作中，地中海沿岸各国、各民族的历史都占有相应的比重。波里比阿的历史著作不仅在数量上、质量上、影响上超过了古代希腊的史学家，而且他的著作在古代希腊罗马的历史著作中是最符合科学方法要求的。而他之所以被称为"史学家中的史学家"，最关键的一点就在于他已经形成了一套完整的史学理论方法，后来很少有人能够超过。

首先，波里比阿强调了历史的普遍联系性。在他看来，单独论述某一事件，既没有什么意义，也无法阐明清楚，个别的史事必须置于整体之中加以评述。例如，对于罗马的兴起、扩张、最后独霸地中海这件事，就应当将它放到整个地中海世界的嬗变演进之中，用科学的方法加以衡量把握，才能作出正确的评价。波里比阿将自己的著作命名为《通史》，也表明他是以世界通史的眼光来记述历史的。他已经朦胧地认识到了个别与整体的辩证关系。

其次，波里比阿坚持历史记载必须真实，诚信不欺。为此，他用形象的语言表达了这种求真精神。他还指出："史学家不应该以奇闻轶事来取悦读者。历史事实不管是多么平淡无奇，都只能如实记载。因为史学家的目的与戏剧恰恰相反，戏剧家的目的是用生动的语言去打动观众于一时，而史学家则是要以真实的事实和真实的言辞去取悦于人，从而使严肃的学者得益于永久。"为此他特别强调：史学家必须抛弃一切个人的成见和党同伐异的情绪，以使自己成为一个公正无私的法官，从大量的历史事实的证据中求得正确的结论。而作为一位客观的史学家，则必须具备高尚的品德，切不可凭主观的好恶来评价历史事实，更不可人云亦云，随声附和，务必以事实为根据。要注意事件时间之间的因果关系，并提出了历史因果关系的完整理论。例如，他认为在讨论历史之间的因果关系时，应该将"根本动力、理由和触动原因分别开来"。这主要是因为既然研究历史的目的在于鉴往知来，通古今之变，那么，"揭示史事的因果关系就是为了使历史具有这种用途"。为此他强调，一部罗马史无疑是连年征战、扩张的记录，然而要追究罗马从一小城邦发展到统一帝国的原因，并不仅仅着眼于罗马先进的军事技术或意大利人的勇敢顽强，而应探究罗马的政治制度。波里比阿对罗马政治制度的分析研究无疑是其著作的一大特色。他赞美罗马的政治体制完善，它与希腊城邦不断变化的体制相比，更富于稳定性与效率，是君主制、贵族制与民主制3种成分的理想结合。

最后，像大多数史学家一样，波里比阿也特别重视历史道德的垂训作用。他强调"历史是以事实为训的哲学"。因此应该垂训后世，教育后人，作为行动指南，绝不能当作娱乐手段。历史作者一定要叙述真实的情况。因此史学家要具备一定的条件。首先是有个人的从政经验，亲自参加过政治和军事活动。其次应具有接近档案资料的机会。再次应有广泛旅行考察的经历。

显而易见，波里比阿在写作《通史》时是将其主张贯穿始终的。他身体力行，努力搜集可信的资料，旅行访问，力求写出真实的历史。由于反对将历史写成为供民众欣赏的神话故事，他抛弃了传统的文学性历史和悲剧性历史的写法，而将自己的作品写成供后世政治家和军事家参考的历史手册，这样读起来不免平铺直叙，难以引人入胜。

波里比阿所著《通史》的主要特点是他的计划性和系统性。全书紧紧

围绕一个主题：即罗马如何迅速发展成为空前强大的地中海帝国。他在全书之始便开宗明义地说："我所选的主题会促使人们热心于研读我的著作，因为谁不想知道罗马人使用什么手段、何种政策而能在短短的不到53年的时间成功地把几乎全部有人类居住的世界置于一个政府的统治之下！"他说："前期的一切大帝国，或十分短暂，或偏于一隅，唯有罗马征服了差不多整个世界。"他认为世界形势发展到罗马统一的局面是命运之神的安排，历史学家有责任记录这样的发展。虽然他重视分析历史发展的因果关系，但显然没有摆脱宿命论。

波里比阿前后多人的作品没有流传，唯他的著作能保存相当多的一部分，这说明当时已有人认识到他的作品的重要性。由于他的治史方法和原则的正确，颇受后世名家西塞罗、李维、塔西陀的推崇。近代著名罗马史专家蒙森对波里比阿评价甚高，说他严谨求实，追求真理，深刻理解事物，能观察全局，他的著作与前人和后世相比更辉煌。

拉丁史学家书写罗马史

公元前133年以后，罗马进入了长达百年的内战期，奴隶与奴隶主、平民与贵族、被征服者与征服者以及统治者之间，由于矛盾激化，争战不断。出于对现实的不满，一批充满怀旧情绪的传统主义者应运而生。他们怀着浓厚的兴趣研究古代罗马，对古代罗马赞叹不已。这些人中最著名的要算百科型学者瓦罗。瓦罗写过多种学科的作品，其中关于罗马考古的就有数十篇之多。他著作丰富，在语言文字、历史考古、自然科学、农业等多方面都有研究。他不能算是历史学家，但他关于罗马神祇系统的年代和罗马建城年代的主张都被后世罗马史研究者接受为公认的年代。可惜他的有关历史的著作《罗马考古》只有很少一部分传下来。

与此同时，在罗马还出现了一批拉丁编年史学家。他们大多致力于将自己从希腊史学和修辞学中学得的知识应用于搜集和编纂罗马史料，把关于宪法、法律、氏族和家族、战争等方面的传说以叙事笔法写成历史。他们与公元前2世纪的拉丁编年史学家不同之处主要是不再单纯写枯燥单调的年表式记录，而是增添了一些修辞和戏剧性描述。可能由于受时代风气的影响，以娱乐群众为写史目的，追求戏剧性效果，从而背弃了前辈历史学家报道真实的美德，大大降低了史学已达到的质量和价值。这批史学家的作品都没传下来，只是通过后来史学家的评论才有一些为后世所知。其中较早而且较优秀的要算最早写专题历史的安提帕特和西散那。

前者写过一部专论第二次布匿战争的历史，书中讲到可怕的地震，西

庇阿在大风暴雨中的行军，西庇阿军队之众，以及大军过处兵士喊声使飞鸟震惊纷纷落地而死等情况。后者写了一部同盟战争史。此书描绘战争很生动，形容战斗中士兵的喊杀声、盾牌的撞击声以及人们互相厮杀的可怕情景，使人读来为之动容。

到苏拉时代，对写史实不严肃的作风更有发展。安提乌斯写了一部建城以来的《罗马史》，75卷，内容复杂，包括各种奇闻逸事，极重修辞，李维既引用它，也批判它。另一个重修辞而不重史实的典型作家是奎阿德里格里乌斯，他的《罗马史》从高卢人入侵开始写到公元前82年为止，内容驳杂，充满奇闻逸事。这些作者描写战争时往往夸大敌方的损失，吹嘘己方胜利。其实他们很可能根本看不到档案，有些报道毫无根据，甚至是捏造，为家族荣光、民族荣光而编造，为增加吸引力而编造动人的细节。他们把历史写作的价值和科学性降到很低的水平，但是他们史学的戏剧性表达方式却对后世某些重要史学家例如李维，影响很大。

马塞尔（公元前67年去世）是同期作家中比较严肃认真的一个。他写了一部建城以来的《罗马史》。他宣称自己使用了一种前人未发现的史料，即藏在某一神庙中的一些亚麻布书上的档案，其中有很多高官名表和其他记录。这部亚麻布书在罗马史学界很受重视，其时代被认为公元前4世纪，但一般认为在马塞尔之前100多年。

属于这一时期的著名元老、演说家、拉丁文法修辞学家、政论家西塞罗留下了许多著作。他没写过任何历史，但其作品中多次论及历史，特别是写史方法和原则。他敦促罗马人研究和学习希腊人历史写作的成就，称赞那些描写真实，又对动机和因果关系、时间顺序予以应有注意。他说："写历史的首要原则是必须说真实的话；其次是必须敢于陈述全部真相，毫无偏袒，没有个人恩怨。"他还说："历史是时代的证人，真理之光，活的记忆，生活的指南。历史学家必须避免寓言传说之类的材料，应仔细辨明何者为神话传说，何者为史实。"他还批评早期历史学家，说他们神话与历史不分，过分夸张地赞扬伟人和家族名人。

与此同时，他又主张历史学家应进行艺术的创作，不写枯燥的年代记。他认为历史学家可像其他作家一样选择和组织材料，写出对过去事情真实而又生动的记忆，并使之对读者有教育意义。

西塞罗的这些关于写历史的见解和理论当时不见得能得到人们的理解。据说，西塞罗曾把公元前63年自己任执政官时的记录材料交给当时的两位历史学家，要求他们写这一年的历史，但被拒绝了。回信称西塞罗所送来的回忆录本身已是很好的历史著作。由此可见，当时并没多少人理解西塞罗的写史理论。

萨鲁斯特（前86—前34）是共和国晚期罗马最有政治见解和洞察力的历史学家。他出身萨宾贵族，任过罗马财务官和保民官，内战时跟随恺撒，任过阿非利加诺瓦省总督，因被控贪污去职，公元前44年后退隐到自己的领地萨宾地区著名的花园别墅从事写作。他的历史著作以两个篇幅不大的专题史最有名，一篇是《喀提林阴谋》，另一篇为《朱古达战争》。《喀提林阴谋》主要记述罗马元老喀提林国王朱古达利用社会上的不满情绪，进行反共和国的活动，最后被镇压的过程；《朱古达战争》主要记述罗马于公元前2世纪晚期对北非努米底亚小国的战争。萨鲁斯特还写过一部较大的著作《历史》，全书共5卷，从公元前78年写至公元前67年，可能因去世而未完成。全书未传，现仅存数百小断片，内容主要是关于苏拉以来罗马保守派和人民派的政治斗争。作者主旨与两篇专史相似，均是想说明罗马政治派系的对立斗争是共和制衰落的主要原因。

萨鲁斯特自己认为他所选的主题都是共和国史的大事。朱古达战争使罗马贵族尊严第一次受挫。贵族当权派的贪污腐化和无能，长期不能夺取一个小小的沙漠王公，使人民群情激愤，从而给当时的贫民党代表马略以抬头的机会，造成马略与苏拉斗争的局面，形成了保守派与人民派长期对立的形势。萨鲁斯特认为这种派系对立斗争是共和制崩溃的主要原因。萨

鲁斯特说："直到迦太基被毁灭以前，元老院和罗马人民一直以协调和缓的姿态分享国家管理权，可是一旦对迦太基的惧怕消除了，骄傲和狂妄很快发展起来。"他认为，这是共和国衰落的根源，因为从此产生了内部的派系斗争。关于自称人民党而与保守派对立的前三头，他说："他们的自白都是骗人的"，"幕后都拼命为自己争夺权势"。他有敏锐的观察力，能够看透当时政治家的伪装和欺骗，这是很难得的。

萨鲁斯特注意对史实的评论和分析，寻找因果关系，注意人物的作用。他的历史著作与前期的编年史和战地记录式的历史已大不相同，与戏剧化半创作性的叙述史也很不同。正因为如此，尽管他的著作中有时代错误、史实颠倒、轻信谣传、轻率下结论等缺点，也有夸张和生造演说词等一般史学的通病，但他在罗马史学上仍占有很重要的地位。萨鲁斯特的写作非常讲究技巧，他善于驾驭文字，注意运用枝节与主题的关系展开情节，读来引人入胜。在文字风格方面，萨鲁斯特不像恺撒那样坦率直书，一泻千里，他比较含蓄隐蔽，但高雅不俗。在史学上的地位，他比恺撒还略高一筹。

由于萨鲁斯特在写作上的成就，他与李维、塔西陀一起被称为"罗马历史上三大史学家"。

传记之父普鲁塔克

　　普鲁塔克（约46—120）系罗马帝国早期的希腊传记作家、伦理学家和哲学家，其传世之作《希腊罗马名人传》对后世影响甚巨。普鲁塔克生前死后向来被人所喜爱，欧洲文艺复兴时期的许多知名人物都对他追慕不已，其著作直至今日仍然传诵不衰。

　　普鲁塔克出生于希腊中部玻俄提亚的喀罗尼亚城一个有文化教养的家庭。其父亚里斯托布鲁斯本人便是一位有名的传记作家和哲学家。普鲁塔克自幼渴求真知，孜孜不倦地阅读家庭藏书。青年时期游学雅典，他曾授业于名师阿莫尼乌斯，研习过数学、哲学、修辞学、历史学以及医学等。他四处游学，起先遍游希腊各地，后来到过爱琴海诸岛，访问过埃及、小亚细亚以及意大利等地。他素怀济世之志，博文通晓多种学科，不愧为一个融会希腊罗马文化的大家。

　　普鲁塔克一生历经罗马帝国三个王朝（朱里亚·克劳狄王朝、弗拉维王朝、安敦尼王朝），其生活的年代——希腊已并入罗马两百余年——希腊和罗马两种文化已经完美地融合在一起。他曾至罗马讲学，结识了许多名人，据说还为两个皇帝（图拉真和哈德良）授过课，颇受他们的赞赏。图拉真授予他执政官衔，哈德良任命他为希腊财政督察。

　　他一生中的大部分时间是在喀罗尼亚度过的，一面著书立说、开门授徒，一面担任当地的行政长官。据说，他在家乡还兴办过一所学校，所授课程繁多，以哲学和伦理学为主。他是一名多产作家，其子拉姆普里亚斯

为他编订了一份著作目录，列举了他227篇著作的书名。不过，他的大部分著作早已散失，流传至今有116篇（目录中所列的83篇，未列入目录的18篇以及15篇断片），后人把他现存的这些作品辑为两个集子——《道德论集》和《传记集》。

《道德论集》包括66篇杂著，广泛地探讨了伦理、宗教、哲学、科学、政治、文学等方面的问题，是了解普鲁塔克的生平和思想的重要文献，其中《论儿童教育》《德行与罪行》《论交友》《如何辨别忠奸》《论幸运》《雅典人长于作战还是长于智慧？》等篇可视为代表作。他把柏拉图、亚里士多德、毕达哥拉斯、斯多葛等学派融于一炉，着重阐释大的实践。准确地说，普鲁塔克不是史学家，而是一位道德家。可是流传后世最广、影响最大的却是《传记集》而非《道德论集》。

《传记集》又称《希腊罗马名人传》，共50篇，按类别分为军事家、政治家、立法者或演说家，以一名希腊人对应一名罗马人，共23组，每组后面加一篇类似短评的文章。所剩4篇为一人一传。作为一位道德家，普鲁塔克继承的是柏拉图、亚里士多德和斯多葛学派的哲学，因此他特别注重道德实践。他所写的传记就是要试图通过具体人物的生平事迹来宣扬自己的道德和伦理思想，以达到教育的目的。由于这一原因，他往往不遵守作为一名历史学家所必须具备的严谨作风，而是任凭主观想象，抒发胸臆，常常引用一些未经考证的传说和奇闻轶事来支持他自己的见解。尽管如此，普鲁塔克记载的绝大部分事实还是有根据的。并且由于作者的博闻强记，他能够将最大价值的材料收入自己的传记，从而保留了许多原著已佚的希腊诗和戏剧的引文。因此，《希腊罗马名人传》乃是一部研究古希腊、罗马历史所必不可少的要籍，他的贡献除了为后世保存了部分古代作品之外，主要是对于史学研究方法的创新：首先，他是西方第一个自觉、明确地提出并运用历史比较法的史学家；其次，他是第一个在历史研究中运用精神或心理分析方法的人。

　　《名人传》在西方史学发展中的独特地位首先在于它开创了传记体历史著作的先河。在普鲁塔克生活的时代，为政治上、军事上的杰出人物树碑立传已颇为流行，而《名人传》就是其中最杰出的代表。这种体例所奠定的模式一直到中世纪都非常盛行。就史料而言，《名人传》的取材十分广泛，有前人的历史著作，当时存留的典籍和文献以及作者亲身了解的传闻轶事。在历史著作中，希罗多德的《历史》和修昔底德的《伯罗奔尼撒战争史》都是普鲁塔克引证的重要来源，李维的《罗马史》也是他从中汲取教益的重要文献。虽然普鲁塔克在历史过程的叙述中常常糅杂以主观的评价和道德说教，但《名人传》的史料价值还是不可否认的。普鲁塔克在《名人传》中搜集了丰富的史料，引用了古代历史、哲学、诗歌中的大量材料，其中有很多早已佚失，还有些后世无法见到的材料，就是靠他独家保留下来的。另一方面普鲁塔克酷爱趣闻轶事和隽语名言，这也是《名人传》之所以具有永久魅力的原因之一。正如他在《忒修斯传》的开头所说的那样："但愿我能将虚构的传说予以澄清，使之合乎理性，具有历史的容貌。但是，如果有荒诞无稽之处，实在难以更动，毫不足信，那就只有请求宽厚的读者诸君，对古人的故事姑妄听之了。"

　　《名人传》在普鲁塔克的有生之年大受欢迎，这几乎是可以肯定的。作为希腊哲学家和柏拉图学说的信徒，普鲁塔克常在罗马宣读论文和讲学。希腊语是当时罗马文人和上流社会的通用语言，凡是有文化教养的希腊人，特别是哲学家，在那里都是受欢迎的。作为一代宗师，普鲁塔克在当时就得到尊敬，他的著作也一直传诵不衰。即使在中世纪时期，拜占庭帝国有教养的人对他的著作也十分熟悉。

　　文艺复兴时期，普鲁塔克的著作通过拜占庭学者传入意大利，由意大利人文主义者译成拉丁文和意大利文。在这一时期，《名人传》得到了更广泛的传播。人们开始大量仿效这种体例作传，歌颂世俗统治者和名人英雄业绩的传记作品层出不穷。当时一些名闻遐迩的传记作品有《名人传》、

蒲伽丘的《但丁传》、维拉尼的《佛罗伦萨名人传》等。这种传记体的盛行既是对普鲁塔克等人的写作传统的复兴，又反映了当时社会重视人的价值，以人取代中世纪神的位置，符合人文主义者的需要。特别是《名人传》的法文译本和英文译本问世以后，普鲁塔克的作品在西欧各国的影响日益扩大，几乎成了家喻户晓、人人爱读的经典著作了。研究表明，文艺复兴时期，普鲁塔克在欧洲受欢迎的程度仅次于柏拉图，居第二位。法国文艺复兴时期的文学大师拉伯雷和蒙田都对普鲁塔克的作品爱不释手，他们的作品也受到普鲁塔克写作风格的直接影响。在英国，普鲁塔克也影响了一大批文艺复兴时期的文学家和剧作家。莎士比亚的《尤利乌斯·恺撒》《安东尼和克娄巴特拉》和《科里奥拉努斯》就是直接取材于诺斯爵士的《名人传》英译本。19世纪以后，普鲁塔克的直接影响开始减弱。这主要是由于工业社会的发展和浪漫主义的兴起，人们强调思想感情的自由表达，反对古典主义的克制。但是德意志"狂飙运动"的代表人物歌德和席勒、音乐家贝多芬都嗜读普鲁塔克的著作。马克思在青少年时期就开始阅读《名人传》。直到19世纪中叶，美国超验主义作家爱默生还对普鲁塔克推崇备至，对其道德文章追慕不已。

尽管《希腊罗马名人传》算不上是严格意义上的历史专著，普鲁塔克也无意成为严谨的历史学家，但是作为一部西方古典名著，它无疑会长久地为人们所传诵喜爱，不同时代的读者都可以从中发掘它与众不同的价值。在文章修辞方面，普鲁塔克不愧为一代文章高手，他的文章如行云流水，生动有致，夹叙夹议，妙笔传神。他描写的历史人物性格，启人遐想。他所写的《梭伦传》《伯里克利传》《提比略·格拉古传》都是一些流芳后世的名篇，读之如闻其声，如见其人。

《伯里克利传》更好地体现了普鲁塔克的写作原则。他认为，他写的不是历史，而是传记。最显赫的业绩不一定总能表示人们的美德和恶行，往往一件小事、一句话或一个笑话却更能清楚地显示人物的性格和趋向。

因此，他要专心致志于展示人物灵魂的特征及其表现，并借此描绘每一个人物的生平事迹，而将他们的赫赫战功政绩留给别人去写。在《伯里克利传》中，普鲁塔克一开始就做了一番伦理的探讨，最后的结论是：美德是有吸引力的，它能使人立即产生身体力行的冲动，不仅模仿它能使观看者的性格得以形成，就连研究它也能提供行动的准则。普鲁塔克也忘不了告诉读者这是他写的第十部传记。接着就对伯里克利的大头颅议论了一番，然后就是对伯里克利性格特点的描述：举止庄重文雅，表情沉着严肃，说话声调柔和。紧接着就介绍了第一段趣闻轶事：有一次，伯里克利被一个毫无教养的人整天辱骂，他竟然忍耐着，一声不吭。到了傍晚，他从容不迫地走回家，那家伙仍在他后头，辱骂不休。他进屋时，天已经黑下来了，他就吩咐一个仆人打起火把，让他送那人回家去休息。只要我们读到这里，一个与众不同的伯里克利的形象就初见端倪了。在整个传记中，普鲁塔克对伯里克利的文治武功的描述相当少，只是简单地介绍了他远征克索涅索一役和征讨萨摩斯人的情形，对其在雅典城邦所实行的政治改革也很少提及。这一方面反映了他对伯里克利的文治武功估计不足，另一方面也反映了他对雅典所实行的民主政治改革有所偏见，而对斯巴达的军事民主制则有所偏爱。但是他对于伯里克利的其他优点，还是给予了公正的评价，如不谋私利，富有领导才能，能言善辩，机智过人，以及给雅典所带来的无人能及的建筑艺术成就等。伯里克利去世以后，人们对他的功绩相当怀念，常常谈起他的品德和才干，历数他的功绩。作为一个为城邦屡建战功的将领，他一共建立过9座纪功柱。总之，普鲁塔克对于伯里克利生平的描述时所用的史料不同于一般史学家，体现了他着重描写能体现人物内心的小事的写作原则。我们也从他的笔下见到了伯里克利的另一面。这也是普鲁塔克为我们所提供的历史的另一面——关于人物心灵的历史。

在《费边传》中，普鲁塔克又回到了以人物生平主要事迹为线索的常用传记方法。它体现了普鲁塔克灵活多变的写作手法。费边是古罗马的政

治家、军事家，以其著名的拖延战术与迦太基名将汉尼拔周旋，解救了处于危机中的罗马，并因此而名垂史册。费边出生于罗马声名显赫的大家庭，据说其祖先曾以设置陷阱猎取野兽为生，其家族因此而得名。幼年时，费边性情温和，沉默寡言，行动迟缓，被认为是"驯良如羔羊的人"，也被误认为有几分痴呆，甚至是蠢材。但是普鲁塔克认为，只有少数人才能觉察到他灵魂深处不屈不挠的坚定和磊落大方、勇如雄狮的素质。此后，费边苦练演讲术并以征战来锻炼体魄。在第一次任执政官期间，费边就取得了大破南高卢和利古里人的胜利。后来他临危受命，被推选为独裁官、面对汉尼拔势如破竹的凌厉攻势，费边采取了著名的拖延战术，即不与汉尼拔正面交锋，而是避其锋芒，联合意大利各城邦与其周旋，听任汉尼拔处于巅峰状态的锐气减弱，直到"就像从微小的薪柴燃起的火焰必将自行熄灭一样"。费边首先极力安定人心，鼓舞士气。后经卡西努姆战役、坎尼大战，费边的声誉也是几起几落，并连续担任了三届执政官。每一次战役，罗马军队屡战屡败，而每次失败都是由于当时的骑兵长官未能执行费边的拖延战略。这一方面反映了汉尼拔的足智多谋和英勇善战，另一方面也从反面说明了当时的形势下费边的拖延战略是明智之举。虽然作者描述的重点是几次战役的过程，如对卡西努姆战役中汉尼拔使用的著名的"火牛阵"，坎尼战役中汉尼拔大获全胜的战术阵形，但是普鲁塔克总是在战争过程后描写费边是如何的忍辱负重，面对嘲讽而泰然处之，如何保持他不骄不躁的美德。例如，卡西努姆战役后由费边和米努基乌斯共同指挥军队。米努基乌斯不满费边的拖延战略，率领军队独自安营扎寨。汉尼拔利用米努基乌斯好战的弱点，布置埋伏，大败米努基乌斯指挥的军队。费边及时赶到，才免于全军覆没。米努基乌斯及其部下对费达感恩戴德，对他的仁慈和智慧心悦诚服。费边第四次任执政官时取得了塔伦同战役的彻底胜利。这一役，他与汉尼拔斗智斗勇，最后汉尼拔不得不私下里承认说：看来罗马人也有一个汉尼拔，以他们目前的兵力要占领全部意大利是不可能的。大约在汉尼拔从意大利扬帆遁离时，费边一病不起，长辞人世了。普鲁塔克对费边以坚韧精神战胜年轻、高傲的汉尼拔大加赞赏，认为他受命于危难之际，但不让危难拂乱其心，也不因此而放弃他所信守的行为准则，显示出坚强的意志和伟大的人格。

在《梭伦传》中，普鲁塔克主要塑造了梭伦作为雅典立法者的形象。梭伦出生于雅典贵族家庭，他的父亲乐善好施。到梭伦年轻的时候，已是家道中落。梭伦一面外出经商，一面游历。普鲁塔克认为梭伦出外旅行，主要是为了获取经验和学问，并不是为了赚钱。在此过程中，梭伦结识了古希腊著名哲学家泰勒斯等人，并获得了古希腊"七贤"之一的美名，也显示出了杰出的诗歌才能。普鲁塔克在此传中保存了梭伦许多著名的诗句，如："道德是永远存在的，而财富每天都在更换主人。""僭主政治是一个可爱的地位，可是没有一条路可以由那里走下台。"公元前600年，梭伦率领雅典人通过智取从麦栀拉人手中夺回了萨拉米斯岛，从而显示出了卓越的军事才能，并使他一举成名。此后，雅典发生山区派、平原派和海洋派之间关于政治制度的纷争。梭伦在平民的支持下被选为执政官，并被指定为当时危机的解决者和立法者。梭伦从此开始了雅典的民主政治改革。普鲁塔克记述的内容主要是梭伦所制定的法律和这些法律在当时的实施情况以及所产生的影响，梭伦颁布的第一条法令就是"解负令"。根据这个法令，平民所欠的各种债务一律废除；禁止在放债时以债户的人身作抵押，废除债务奴隶制；由国家赎回因负债而被卖到外邦为奴的人。梭伦还对公民的财产进行了一次调查分等，并按照财产等级规定相应的政治权利。这些新的法令还包括：设立四百人会议；禁止买卖婚姻，保障妇女孤儿的利益；修改死刑法；其他鼓励手工业和农业发展的措施。梭伦的法律一开始实施，每天都有人到他那里去，称赞或是指责那些法律，或建议加上某些条文，或删除某些条文，还有很多人去询问有关条文的目的和意义。梭伦为了摆脱这种困境，就借口到国外考察，乘船出国旅行去了。他

希望这段时间内，人们会习惯他所订立的法律。等到梭伦结束游历回国时，雅典发生了以庇西斯特拉图准备实行僭主政治而引发的冲突。梭伦晚年退隐在家，从事研究和著述。他死后遗体被焚化。骨灰撒在他曾经为之战斗过的萨拉米斯岛上。

《地米斯托克利传》记述了这位希腊军人政治家辉煌而悲剧的一生。普鲁塔克首先点出了地米斯托克利虽出生寒微，但自幼性情刚烈，天资聪慧，立志于成就一番大事业。他的老师也曾预言，不管是好是坏，他长大后都将是一个叱咤风云的人物。他所处的时代正是希波战争（前500—前449）处于决定意义的阶段，这个风雷激荡的年代为他施展才能提供了广阔的历史舞台。在马拉松战役（前490）之后，所有的雅典人都为这次空前巨大的胜利所陶醉，但地米斯托克利却夜不成寐。他敏锐地觉察到波斯人在马拉松的失败并不是希波战争的结束，而是更加残酷的战斗的开端。他认为要拯救雅典，必须大力发展海军。他利用劳里昂地方银矿的收入建成了100多艘战舰。在他任执政官期间，雅典海军力量的发展对其政治、经济生活以及社会各阶层之间的相互关系都产生了巨大的影响。公元前480年，波斯军队从海陆两面大举进犯雅典，地米斯托克利在危急关头充分显示出了卓越的政治、军事才能。他首先颁布一道法令，让他的政敌、遭放逐的阿里斯提德回国，参加保卫祖国的战斗，又主动将海军的最高指挥权让给了斯巴达将军欧律比亚德斯，以增强波斯同盟内部的团结。他还通过巧妙地解释神谕的办法，说服了大部分雅典公民撤出雅典，同时他施展计谋诱使波斯人在最有利于希腊人的萨拉米斯湾展开海战。正是由于地米斯托克利的审时度势、高风亮节和运筹帷幄，希腊人赢得了萨拉米斯海战的辉煌胜利。这场胜利也给他带来了巨大的荣誉，使他一度成为希腊最显赫的人物。此后，他与斯巴达人在防卫城墙问题上产生激烈冲突。他的政敌，包括贺里斯拉德和客蒙等人，对他施用陶片放逐法来剥夺他的尊严和杰出成就。被逐出城以后，他最初在亚哥斯漂泊。后又遭诬陷，被指责私通波斯而遭到追捕。他断定回雅典受审必将凶多吉少，因而辗转逃避，屡经艰险，最后到达波斯，投奔了波斯国王。后来，当波斯王命其为进攻雅典出谋效力时，他恪守自己的诺言，决不做有损于希腊的事，最后服毒自杀，客死异乡。

普鲁塔克如中流砥柱奋起捍卫古典共和的高贵理想。他的作品机智、深刻、典雅、富于激情和风趣，魅力无穷，不仅在当时的罗马帝国，而且在近现代的西方世界，也影响了一代代思想家、政治家和文学艺术家。罗马皇帝马克·奥里留特别喜爱普鲁塔克的作品，行军打仗时也携带一本在身边。即使在中世纪，西欧古典文化遭受陵夷之时，普鲁塔克的作品仍在拜占庭流传。文艺复兴时期，普鲁塔克作品中那种重视人的个性、宣传人的英雄业绩的思想，符合资产阶级要求个性解放的愿望，因此从文艺复兴直到法国大革命，普鲁塔克的作品一直是最流行的古典作品。许多人文主义者、启蒙思想家都争相传诵钻研。

拱券技术　罗马建筑之魂

　　拱券技术是罗马建筑最突出的特色，也是其最大的成就，是罗马对欧洲建筑最大的贡献。罗马建筑的布局方法、空间组合、艺术形式和风格以及某些建筑的功能和规模等，都同拱券结构有着密不可分的联系。

　　罗马人大量继承了希腊的建筑遗产，但他们绝不是简单的模仿者，他们在柱式结构的基础上运用拱券技术进行加工、改造，改变了原来单一柱式建筑的形制、形式及风格，将古希腊建筑风格的"神"意，转变为了世俗的人意，使之成为罗马独具特色的风格。拱券技术在罗马人手里越来越成熟，使得一些依托于梁柱结构的古老建筑形式从根本上得到了改变。梁柱结构不可能创造出宽阔的内部空间，而大跨度的拱顶和穹顶则可以覆盖很大的面积，形成宽阔的建筑内部空间，以至于人们的许多活动可以从室外移到室内进行。正是出色的拱券技术才使罗马无比宏伟壮丽的建筑构想有了实现的可能，使罗马建筑那种前所未有的创造精神有了物质的根据。

　　罗马建筑之所以能满足各种复杂的功能要求，主要依靠水平很高的拱券结构，获得宽阔的内部空间。巴拉丁山上的弗莱维王朝宫殿主厅的筒形拱，跨度达29.3米之长。罗马人将拱券与柱式结合起来使用，不仅为建筑内部提供了可以产生复杂的跨度和宽度的空间，而且使建筑物外部更具神韵。万神庙，就是这种技术发挥到极致的代表。万神庙是罗马独有的教堂之一，100余米的建筑跨度之间竟无一根柱子，进入教堂会令人产生直通天堂的感觉。后来还出现了有各种弧线组成平面、采用拱券结构的集中式建筑物。公元2世纪上半叶，建于罗马郊外的哈德良行宫就是典型的实例。

十字拱和拱券平衡体系技术的渐渐成熟，又进一步提高了罗马建筑的水平。十字拱的出现是为了摆脱承重墙的束缚。十字拱覆盖在方形上面，只需要四角有支柱，而不必有连续的承重墙，从而使建筑内部空间得到解放。卡拉卡拉浴场的核心——温泉浴大厅就是横向三间十字拱，其重量集中在8个墩子上，墩子外侧有一道横墙头抵御侧推力，横墙之间跨上筒形拱，既增强了整体性，又拓展了大厅，使整个浴场显得雄伟壮观。

古罗马建筑的类型很多。有罗马万神庙、维纳斯和罗马庙，以及巴尔贝克太阳神庙等宗教建筑，也有皇宫、剧场角斗场、浴场以及广场和巴西利卡(长方形会堂)等公共建筑。居住建筑有内庭式住宅、内庭式与围柱式院相结合的住宅，还有四五层公寓式住宅。古罗马世俗建筑的形式相当成熟，与功能结合得很好。例如，罗马帝国各地的大型剧场，观众席平面呈半圆形，逐排升起，以纵过道为主、横过道为辅。观众按票号从不同的入口、楼梯，到达各区座位。人流不交叉，聚散方便。舞台高起，前有乐池，后面是化妆楼，化妆楼的立面便是舞台的背景，两端向前凸出，形成台口的雏形，已与现代大型演出性建筑物的基本形制相似。

古罗马多层公寓常用标准单元。一些公寓底层设商店，楼上住户有阳台。这种形制同现代公寓也大体相似。从剧场、角斗场、浴场和公寓等形式来看，当时建筑设计这门技术科学已经相当发达。

公元4世纪下半叶起，古罗马建筑潮日趋衰落。15世纪后，经过文艺复兴、古典主义、古典复兴以及19世纪初期法国的"帝国风格"的提倡，古罗马建筑在欧洲重新成为学习的范例，这种现象一直持续到20世纪30年代。

拱券结构得到推广，是因为使用了强度高、施工方便、价格便宜的火山灰混凝土。罗马人在石灰和沙子的混合物里掺和进碎石子，制造出混凝土。他们使用的沙子是被称为"白榴火山灰"的火山土，产自意大利的玻

佐里地区。罗马人将混凝土用在了许多壮观的建筑物上。

混凝土迅速普及的条件，一是原料的开采和运输都比石材廉价方便。二是它可以用碎石作骨料时，又节约石材；而用浮石或者其他轻质石材作骨料时，又可以减轻结构的重量。三是除了少数熟练工匠外，它可以大量使用没有技术的奴隶，而用石块砌筑拱券需要专门的工匠。约在公元前2世纪时，火山灰就开始成为独立的建筑材料了，到公元前1世纪，火山灰已经既用于建筑拱券，又用于筑墙。混凝土表面常用一层方锥形石块或三角形砖保护，再抹一层灰或者贴一层大理石板；也有在混凝土墙体前再砌一道石墙做面层的做法。

罗马混凝土所用的活性材料是一种天然火山灰，相当于现在的水泥，将它们水化拌匀之后再凝固起来，耐压强度很高。这种混凝土中若加入不同的骨料，就可以制成不同强度量的混凝土，用于不同的位置。浇注混凝土需要模板，拱券和穹顶多用木板做模板，墙体则用砖石做模板，而且事后并不拆掉，墙体因此很厚。

大角斗场的一圈观众席就是用混凝土做基本材料的，它是整个建筑结构中真正的杰作。首先，观众席的底层有7圈灰华石的墩子，每圈80个，外面3圈墩子之间是两道环廊，在第三和第四、第五和第六圈墩子之间砌上石墙，墙上架上混凝土的拱，呈放射形排列。第二层靠外墙有两道环廊，第三层有一道。这一整套空间关系很复杂的拱，做基础的混凝土选用了坚硬的火山石为骨料，而墙是用凝灰岩和灰华石做的，拱顶混凝土的石料则用浮石。因此，整个结构显得井井有条、整齐简洁。

庙宇柱廊　张显恢宏气势

罗马的神庙建筑是在伊达拉里亚人和希腊人的影响下走向成熟的。

庙　宇

公元前509年，随着罗马国家的建立，大规模的神庙建筑开始兴建。这一年，罗马人在卡皮托利山上修建了供奉朱庇特、朱诺和米涅瓦三神的皮卡拖利神庙。这种神庙建筑的特点与希腊神庙极其相似，但它也有自己的独特之处。从总体上看，两者的建筑结构是一致的，都采用石制结构，不用木质结构，外形上相似。希腊人认为，庙宇是神的住所，因此在建造时完全按照人的住宅形式修建，对此罗马人也如此仿效。然而，两者的不同之处更是显而易见，具体表现在：希腊神庙呈长方形，而罗马神庙呈四方形；希腊神庙门前的台阶一般不高或没有多级台阶，而罗马神庙门前的台阶较高（多达五六级），且有较深的柱廊；希腊神庙的柱身有明显的凹槽，罗马神庙四周的石柱柱身则没有凹槽；希腊神庙的柱顶分为多利克式、爱奥尼式和科林斯3种固定柱式，而罗马神庙则无固定模式，属于混合型；希腊神庙殿堂不分隔开，呈一宽敞大厅，并且往往是一座神庙一个神殿；而罗马的神殿则分成3个独立的部分，分别成为朱庇特、朱诺、密涅瓦3个神殿。此后，罗马的神庙建筑日益增多。公元前496年建供奉农神的拉冬神庙；公元前495年建供奉谷神塞勒斯的神庙和供奉商业神麦库

里的神庙；公元前484年又建造了供奉拉丁农神的神庙。短短十余年里，罗马人建造了5座大神庙，这在共和国的历史上极为少见。这些神庙的兴建成为罗马共和国早期文化活动的先声，因为此时的罗马人在文学艺术等领域的创作中还几乎是一片空白，这说明宗教活动在早期罗马人的生活中占有极为重要的地位。早期罗马神庙仍属伊达拉里亚式，木石结构，台基墙垣以石建成，柱梁屋顶则以木构成。尽管这些神庙没有后世全用大理石建筑的神庙那样富丽堂皇，但它们却是尔后罗马规模宏大的建筑活动的滥觞。

公元前4世纪中期以后，由于希腊建筑的影响日甚，罗马神庙建筑也出现了新的发展。类似希腊式的长方形神庙开始出现，并且采用了希腊的柱式建筑，柱廊的柱石与柱石之间的距离也明显缩短。奥古斯都时代，为纪念奥古斯都战胜布鲁图而兴建的战神马尔斯神庙是奥古斯都广场的中心建筑，建筑材料全部采用大理石，高大的台阶上排列着八柱门廊。柱廊之间、殿堂内部、别出心裁的半圆形凹廊空间之中，依次排列着从伊尼阿到恺撒等统治者的雕像，更加突出了奥古斯都广场的政治意义。而神庙所体现的新古典风格不仅成为帝国行省各地建筑仿效的样板，而且被后世奉为古典建筑的典范。

罗马人还创建了具有独特风格的圆形神殿，兴建于哈德良统治时期的万神殿就是罗马帝国最著名的神庙，也是古罗马唯一完整无损保存下来的一座神庙建筑。

万　神　殿

万神殿是世界上的灵魂建筑之一。它最初建造是作为罗马人的庙宇，后来被尊崇为天主教的教堂。

万神殿始建于公元前27年—公元前25年，由罗马帝国首任皇帝屋大维的女婿阿戈利巴建造，用以供奉奥林匹亚山上诸神，可谓奥古斯都时期的经典建筑。公元80年的火灾，使万神殿的大部分被毁，仅余一长方形的柱廊，有12.5米高的花岗岩石柱16根，这一部分被作为后来重建的万神殿的门廊，门廊顶上刻有初建时期的纪念性文字，从门廊正面的8根巨大圆柱仍可看出万神殿最初的建筑规模。

现今所见的万神殿主体建筑是亚德里亚诺大帝于120年—124年所建，为43.4米高的圆形堂，其内仍供奉罗马的所有神祇。公元609年万神殿被赠予教皇，随即改为天主教堂，将多尊圣骸保存于内，更名为圣玛丽亚教堂，后拉特朗协约将其定为意大利国立教堂。也正是因此，万神殿才在后来幸存下来，没有被视为异教建筑而毁灭。

万神殿是古罗马建筑艺术的杰作。万神殿的底平面直径也为43.4米，与高度相等。万神殿下半部为空心圆柱形，从高度一半的地方开始，上半部为半球形的穹顶，穹顶的墙面厚度逐渐减小，其下方墙厚6米，与万神殿下半部墙壁等厚，到顶部则递减为1.5米。为使穹顶墙厚的递减更有利于万神殿整体建筑的稳固，万神殿穹顶内壁被整齐划分为5排28格，每一格皆被由上而下雕凿凹陷，不仅使墙厚的递减更为合理，也增加了万神殿内部的美观性。

万神殿的装饰风格前后发生过很大变化。供奉诸神时期的描绘神人大战的铜雕等大量装饰，在改为教堂后被大面积更替，原有的屋大维与阿戈利巴的雕像也已不在。神殿入口的青铜大门，原与穹顶和门廊天花板所覆的镀金铜瓦互为呼应，现今铜瓦早已用作他途，只留雕工精美的青铜大门镇守那一份已逝的气势。万神殿内宽广空旷，无一根支柱，穹顶顶部开有直径9米的圆洞，这是整个万神殿内唯一的光线来源。

万神殿内的7座壁龛，分别供奉战神和朱利奥·恺撒神明和英雄，除壁龛外，殿内还有很多神明和英雄的雕像。万神殿内侧面的小堂，是拉斐尔、意大利国王埃玛努埃尔二世、翁贝尔托一世和他的妻子玛尔盖丽妲王

后等重要人物的长眠之地。

古罗马竞技场

罗马斗兽场亦译作罗马大角斗场、罗马竞技场、罗马圆形竞技场、科洛西姆、哥罗塞姆，原名弗莱文圆形剧场，建于72年—82年间，是古罗马文明的象征。遗址位于意大利首都罗马市中心，它在威尼斯广场的南面，古罗马市场附近。从外观上看，它呈正圆形；俯瞰时，它是椭圆形的。它的占地面积约2万平方米，圆周长527米，围墙高57米。围墙共分4层，前3层均有柱式装饰，依次为多利克柱式、爱奥尼柱式、科林斯柱式，也就是在古代雅典看到的3种柱式。科洛西姆斗兽场以宏伟、独特的造型闻名于世。

从功能、规模、技术和艺术风格各方面来看，罗马斗兽场是古罗马建筑的代表作之一。它的施工速度之快也是一个奇迹。

斗兽场平面是长圆形的，相当于两个古罗马剧场的观众席相对合一。斗兽场长轴188米，短轴156米，中央的"表演区"长轴86米，短轴54米。观众席大约有60排座位，逐排升起，分为5区。前面一区是荣誉席，最后两区是下层群众的席位，中间是骑士等地位比较高的公民坐的。荣誉席比"表演区"高5米多，下层观众席位和骑士席位之间也有6米多的高差，社会上层的安全措施很严密。最上一层观众席背靠着外立面的墙。观众席总的升起坡度接近62%，观览条件很好。

这个用石头建起的罗马斗兽场，由石灰石（10万立方米，采自提维里附近的采石场，通过一条特殊的马路运至罗马）构成，它是罗马最大的环形竞技场了。人们相信大约300吨的铁被用来制造将石头连接起来的抓钩。

从外部看，这座罗马斗兽场由一系列3层的环形拱廊组成，最高的第4层是顶阁。这3层拱廊中的石柱根据经典的标准分别设计（由地面开始，多利克柱式、爱奥尼柱式和科林斯柱式）。在第4层的房檐下面排列着240个中空的突出部分，它们是用来安插木棍以支撑露天剧场的遮阳帆布，皇家舰队的水兵们负责把它撑起以帮助观众避暑，避雨和防寒，这样一来大斗兽场便成为一座1世纪的透明圆顶竞技场。

罗马斗兽场共有3层座位：下层、中层及上层，顶层还有一个只能站着的看台，这是给地位最低下的社会成员准备的——女人、奴隶和穷人。但即使在其他层，座位也是按照社会地位和职业状况安排的——皇室成员和守望圣火的贞女们拥有特殊的包厢；身着白色红边长袍的元老们坐在同一层的"唱诗席"；然后依次是武士和平民。不同职业的人也有特殊的席位，例如士兵、作家、学者和教师，以及国外的高僧等。观众们从第一层的80个拱门入口处进入罗马斗兽场，另有160个出口遍布于每一层的各级座位，被称为吐口，观众可以通过它们涌进和涌出，混乱和失控的人群因此能够被快速疏散（据说这里只需10分钟就可以被清空）。

建筑特点

斗兽场的看台用2层混凝土制的筒形拱上，每层80个拱，形成3圈不同高度的环形券廊（即拱券支撑起来的走廊），最上层则是50米高的实墙。看台逐层向后退，形成阶梯式坡度。每层的80个拱形成了80个开口，最上面两层则有80个窗洞，观众们入场时就按照自己座位的编号，首先找到自己应从哪个底层拱门入场，然后再沿着楼梯找到自己所在的区域，最后找到自己的位子。整个斗兽场最多可容纳9万人，却因入场设计周到而不会出现拥堵混乱，这种入场的设计即使是今天的大型体育场依然沿用。

斗兽场表演区地底下隐藏着很多洞口和管道，这里可以储存道具、野兽以及角斗士，表演开始时再将他们吊起到地面上。斗兽场甚至可以利用输水道引水。公元248年在斗兽场就曾这样将水引入表演区，形成一个湖，表演海战的场面，来庆祝罗马建城1 000年。

总体风格

位于罗马中心的壮观的斗兽场是古罗马时代为取悦凯旋的将领士兵和赞美伟大的古罗马帝国而建造的。斗兽场的建筑设计并不落后于现代的美学观点。事实上，大约2 000年后的今天，每一个现代化的大型体育场都或多或少的烙上了一些古罗马斗兽场的设计风格。如今，通过电影和历史书籍等媒介，我们能更深切地感受到当时在这里发生的人与兽之间的残酷格斗和搏杀，而这一切，只是为了给观众带来一些原始而又野蛮的快感。

斗兽场在建筑史上堪称典范的杰作和奇迹，以庞大、雄伟、壮观著称于世。现在虽只剩下大半个骨架，但其雄伟之气魄、磅礴之气势犹存。斗兽场平面呈椭圆形，占地约2万平方米，外围墙高57米，相当于现代19层楼房的高度。该建筑为4层结构，外部全由大理石包裹，下面3层分别有80个圆拱，其柱形极具特色，按照多利克式、爱奥尼式和科林斯式的标准顺序排列，第4层则以小窗和壁柱装饰。场中间为角斗台，长86米，宽63米，仍为椭圆形，相当于一个足球场那么大。角斗台下是地窖，关押猛兽和角斗士。角斗台周围的看台分为3个区。底层的第1区是皇帝和贵族的座席，第2层为罗马高阶层市民席，第3层则为一般平民席，再往上就是大阳台，一般观众只能在此处站着观看表演了。场内看台共可容纳观众5万多人，底层地面有80个出入口，可确保在15分钟至30分钟内把场内5万观众全部疏散离场。斗兽场的建筑师究竟为何人，现在还是个未知数。有人认为可能是后来建筑多米斯亚诺宫的建筑师拉比利奥，但已无从查考。

公元80年，斗兽场工程竣工之时，举行了为期100天的庆祝典礼。古罗马统治者组织、驱使5 000头猛兽与3 000名奴隶、战俘、罪犯上场"表演"、殴斗，这种人与兽、人与人的血腥大厮杀居然持续了100天，直到这5 000头猛兽和3 000条人命自相残杀、同归于尽。无怪乎有人说，只要你在角斗台上随便抓一把泥土，放在手中一捏，就可以看到印在掌上的斑斑血迹。当年，古罗马著名的奴隶起义首领斯巴达克就是一名角斗士，他最初率领78个角斗士起义，很快发展到10多万人，在罗马各地坚持战斗达两年之久。这次奴隶起义给了罗马奴隶制沉重的打击，马克思曾赞誉斯巴达克是"整个古代史中最辉煌的人物"。

图拉真纪念柱

图拉真在取得对达西亚战争的胜利之后，立即在各地大兴土木，在罗马也建造了一些纪念性建筑物，如广场、庙宇、庭院、纪念柱、藏书库、交易所等，把罗马装点得异常繁华。在这些建筑群中，至今保存完好的建筑遗迹是图拉真纪念柱。

图拉真纪念柱建于109年—113年，系大理石砌成，高达27米，它的基座是爱奥尼柱式，柱头采用多利克柱式。其内部都是空心的，柱内安装了螺旋式梯子，共有200多个台阶，沿台阶而上可达柱顶。整个柱子连同柱顶上的立像，总高度为39.81米。柱顶上耸立着罗马元首图拉真的青铜像（16世纪被换下，代之以基督教门徒圣彼得像）。柱身上环绕着23圈长达200米的饰带浮雕，画面全部连起来看就是图拉真率领军队征服达西亚的战争。这幅长卷浮雕详细地记录了图拉真亲自率领军队跋山涉水、不辞辛苦、鏖战不息的经历，中心思想即是歌颂帝国战功，宣扬武力权威。记载的事件都是按照战场上的实际情景刻画的，所有的人物、军事装备、战争阵势、民族特征，都合乎历史真实，给后世留下了一份珍贵的画像资料。其中诸如行军方式、兵器外观、地理环境，都具有经得起历史考证的文献价值。因此，这座纪念柱不仅是一个艺术品，还是一部有价值的文献。

饰带浮雕总共刻画了2 500个人物，采用前进式散点透视方法，生动自如地把那些层次复杂、细节琐碎的不同场景组成一条狭长的带状画面。

从构图学上观察，它有许多可取之处。它运用的是浅浮雕方式，人物构图比较紧凑，场面繁而不乱。由于受到传统浮雕的影响，在表现罗马人时经常美化一番，反而显得呆滞而单调，而在表现敌对一方时，却无拘无束，人物动作显得夸张而有生气。除这些以外，缓缓的多瑙河水，地平线上的罗马前哨，着火的房屋以及那些横贯河流的桥梁、营帐、城堡等，一起构成了一副极为丰富的战争场景，其中图拉真的形象前后出现多达90次。

图拉真纪念柱是罗马纪念柱的代表作，它为后世留下了极为丰富的历史与艺术信息，成为古典文化传统的典范。

凯 旋 门

罗马人勇猛好斗，经常建造一些象征战争胜利、用来炫耀战功的纪念性建筑，以彰显他们的自豪感。凯旋门对内可提升民族自豪感，对征服者可以炫耀武力和威力，是罗马建筑特有的形式之一，从一个特殊的层面展示了罗马高超的建筑艺术。最初的凯旋门只是一个通道式的门楼，都用木构且是临时性的，到共和国晚期才有砖石结构的永久性的凯旋门，以后又发展为全用大理石构筑，更显富丽堂皇。到帝国时期，凯旋门成为专门为皇帝歌功颂德的纪念性建筑，臣民不得擅用。

提图斯凯旋门

公元81年，提图斯皇帝为纪念镇压犹太人起义的"胜利"，在罗马广场的东南角首次建立了一座凯旋门。这座凯旋门形式比较简单，取单拱门之式，门道两边配以倚立的圆柱，上承一道顶格式的短墙。凯旋门高15.5米，宽13.4米，厚4.8米，整体显得庄重秀丽，被建筑学家公认为最具古典精神的建筑。尤其是它的雕刻极为精美，是罗马城中现存古典浮雕艺术的三大杰作之一，被意大利人视为国之珍宝。这座凯旋门正面的台基与女儿墙都较高，给人以稳定、庄严、威武雄壮之感。建筑物用混凝土浇筑，大理石贴面，檐壁上雕刻着凯旋时向神灵献祭的行列。

提图斯凯旋门上有一块浮雕，表现提图斯的军队正抬着从耶路撒冷神庙里缴获的重要战利品——黄金圣案、烛台和银喇叭，兴高采烈地走在象征着罗马的凯旋门前。浮雕布局和造型运用虚实相间的手法，创造出真实的空间感。由于着意表现人物的动势，浮雕中的人物虽不多，却给人以气势宏伟之感。

君士坦丁凯旋门

建于公元312年，是罗马城现存的3座凯旋门中年代最晚的一座。它是为庆祝君士坦丁大帝于公元312年彻底战胜他的强敌马克森提并统一帝国而建的。这是一座3个拱门的凯旋门，高21米，面阔25.7米，进深7.4米。由于它调整了高与阔的比例，横跨在道路中央，显得形体巨大。凯旋门的里里外外充满了各种浮雕，表面上看去，巨大的凯旋门和丰富的浮雕虽然很气派，但缺乏整体性。原因是凯旋门的各个部分并非作为一个统一体而创作的，甚至其中的大部分构件是从过去的一些纪念性建筑，如图拉真广场建筑上的横饰带、哈德良广场上一系列盾形浮雕以及马克·奥里留皇帝纪念碑上的8块镶板拆除过来的。尽管如此，它仍不失为一座宏伟壮观的凯旋门，尤其是它上面所保存的罗马帝国各个重要时期的雕刻，是一部生动的罗马雕刻史。

雄浑凝重的殿堂广场

古罗马建筑艺术成就很高，大型建筑风格雄浑凝重，构图和谐统一，形式多样。

宫殿历来是皇帝居住享乐的地方，罗马宫殿建筑是罗马建筑中最富丽堂皇的，经过一次又一次地修建改造，已形成了较大规模，极尽奢华。

王　宫

尼禄是古罗马著名的暴君，他除了政治上的独断专行，生活上也极为奢靡。尼禄经常抱怨自己住的宫殿是个简陋的茅草屋，他甚至嘲笑自己的先帝，说他们只会满足于这种坑性建筑。于是，这个充满想象力的艺术狂为此让建筑师维特鲁威和采列尔设计一座完整的复合宫殿，要包括小树林、田野、草场、葡萄园、果园和人工湖等，以供居住。设计方案令尼禄极为满意。但这座宫殿并没有立刻建成，因为当时罗马城内的建筑已是鳞次栉比了。

公元64年夏天，罗马城内发生了一场大火。大火持续了数天，城内14个区只有3个区保存完好，其余的都被烧成废墟。无数生命财产顿时化为灰烬。据说大火熊熊燃烧之际，尼禄却在皇宫的舞台上饮酒作乐，高声朗诵有关特洛伊城毁灭的诗篇。大火之后，他迫不及待地为自己修建了"金屋"。

宫殿建了几年，总面积达80万平方米，单就规模而言，可能是罗马有史以来最大的宫殿。殿内布满金叶、宝石、象牙装饰，地板和墙上都镶嵌壁画。其中最漂亮的大厅建在奥庇耶维丘冈上。这些大厅的内部装潢富丽堂皇，超乎想象。所有房屋的墙上都镶有不同种类的大理石，大理石表面镀着一层黄金，因此宫殿获得了"金屋"的称号。它的特别之处还不仅在于它是金堆玉砌的，更在于它的湖光野趣、林木幽邃。尼禄看到这座富丽堂皇的建筑时，不禁赞叹道："这才像个人住的地方！"

"金屋"的前厅十分高大，里面可容一尊120英尺高的尼禄巨像。由一排柱子支撑的带顶门廊将宫殿的其余各部分连接起来。有些门廊有3排柱子，长至1 500米。在那样的门廊中漫步，每隔15步至20步就像到了一个新天地。时而是精心照料的花园，时而是牧场丛林和茵茵绿草。花园中建有别出心裁的喷泉，高架渠上水声潺潺，天空中鸟儿嬉戏，池塘里五彩鱼来回游动，林中驯顺的野兽悠闲漫步。绿茵丛中的雕像白光闪动，池岸环绕着开满鲜花的灌木丛，雪白的大理石雕像为之增辉添彩。

餐厅装有旋转的象牙天花板，以便撒花，并设有孔隙，香水可以从上部洒出。正厅呈圆形，像天空，昼夜不停地旋转。殿外还有个庞大的池塘，建筑物、耕田、葡萄园、牧场和林苑点缀在其周围。

"金屋"最突出的建筑特色是八角大厅。它是现存宫室大半部分的主体建筑，罕见的八边形柱体上覆以一个直径14.7米的混凝土穹顶，穹顶中央有一孔，作为采光口，光柱自圆孔倾泻而下，随时间变化在室内移动。从内部空间设计到混凝土材料的运用，八角大厅与后来的万神殿十分相似，可以说是万神殿的先声，为万神殿的设计提供了一个样板。

广　　场

罗马城内一般都有广场，开始是作为市场和公众集会场所，后来也用

于发布公告、进行审判、欢庆节日、进行政治演讲甚至举行角斗。广场多为长方形，在自发形成的城市中，位置因城而异；在按规划建造的城市中，大多位于城中心交叉路口。广场的发展可分为两个时期：共和国时期与帝国时期。共和国时期的广场是罗马社会政治、经济活动的中心，也是一个公共性质非常突出的公共场所；帝国时代的广场无论在规模还是数量上都超过了共和国时期的广场，但随着专制制度的逐渐形成，广场的公共性、开放性就没那么突出了。

罗马广场

公元前7世纪末至公元前6世纪初，罗马人修建了罗马史上第一个广场，即罗马广场。罗马广场坐落于罗马市区的中心地带，用大理石铺成，呈梯形。在最初的罗马共和国时期，罗马广场是一个混乱的地方。这里有卖食品的小摊贩、有提供应召服务的妓院，还有求神拜主的寺庙和参议院议厅。公元前2世纪时，罗马广场上原有的食品店被商业中心和法庭所取代。尽管后来改建了旧建筑，而且新建了许多庙宇和纪念碑，但是罗马广场仍然是举行仪式的中心场所。历代统治者都在这里修建庙宇、宫殿、会议场所、政府机构；帝国时期添置尤多，而且规模宏大，石筑工程精细，十分壮观。广场上还有店铺和摊棚。它是政治、宗教、商业和公众活动的中心。公元4世纪罗马衰落，大规模的建设停止。5世纪，西哥特人和汪达尔人先后攻入罗马城，广场遭到破坏，此后长期破损。

恺撒广场

公元前78年，苏拉曾建立档案馆以增加罗马广场西侧的整体效果。恺撒当政时开始对广场进行全面改建：他一面对原有广场进行改造，一面用征服高卢获得的战利品来购买建造的原材料，在罗马广场的西北角新建了一座广场，命名为"恺撒广场"。这是一个封闭的、按完整的规划建造的广场。小店和小作坊没有了，只保留了高利贷者的钱庄和雄辩学家讲演的敞廊。恺撒广场呈长方形，广场总面积达1.2万平方米。因维纳斯是恺撒家族的保护神，故广场后部立有围廊式的维纳斯神庙。广场中央耸立恺撒的青铜像。也正是由此开始，以后的罗马皇帝都开始修建以自己名字命名的广场。

图拉真广场

图拉真广场是公元107年为了纪念图拉真大帝远征罗马尼亚获胜而建的。图拉真广场是罗马最壮观的广场，它以一个凯旋门作为正门，里面用各色大理石铺地，广场长280米，宽190米。中心立着图拉真骑马的镀金青铜像；另一端是一个纵向的会堂，会堂后的天井中耸立着图拉真纪念柱。穿过柱脚，后面还有一层院子，正中建造着图拉真祭庙。整个广场建筑鳞次栉比，开合有致。在将近300米的长度里，建筑物空间的纵横、大小、开合、明暗有别；雕刻和建筑物有序成列。如此有意识地利用这一系列的交替，酝酿着建筑艺术高潮的到来。

尤为值得一提的是著名的图拉真纪念柱。在广场最西侧，记录着皇帝征服罗马尼亚地区的战功。18块希腊产的大理石砌成高30米的圆柱，表面雕刻着达齐亚战争场面的宏大画卷，雕刻精美，气势恢宏，各种人物就有2 500多个。浮雕按故事情节划分，从下往上总长达200米。这里也是罗马城的"购物中心"，有约150间店铺，所卖的物品也是包罗万象：鲜花、香料、蔬果、海鲜等，还有裁缝店和修鞋的匠铺。据说，古罗马时期，皇帝经常以低廉的价格将谷物卖给市民，而图拉真大帝时期为了讨市民的欢心，他特意设立了这个大市场，将谷物和葡萄酒、橄榄油等分配给市民。图拉真广场是最大的一个广场，被称为"天下独一无二之奇迹"。

别　　墅

罗马人别墅的优雅和动人之处当然是令人羡慕的，尤其它们通常都具有令人瞠目的景致、带有私人浴池和葱郁花园的宽敞住宅以及挂满绘画作

品的墙壁。小普林尼在给朋友的信中谈到他的乡间别墅的时候这么说道："您可能会问我在劳伦廷的住处……为什么会使我感到那么快活，不过，只要您明白了住宅本身的诱人之处，它那优美绮丽的环境和那漫长的海滨人行道，您自己就会找到答案。"

在实行共和制期间，为了躲避城市喧闹的生活，有钱的罗马人买下了意大利农村大量的土地，建筑起了他们的隐居之地。庞贝和赫尔库拉涅姆被证明是用于建筑这种神奇的乡间住宅最受欢迎的地点。公元79年，吞没这两座城市的火山爆发保留下了别墅和家具。

尽管任何两座罗马人的别墅都不会雷同，但是每一幢别墅通常都具有两个类似的特征：一个是正庭，另一个是有圆柱的中庭。正庭是位于别墅大门以内的一间宽敞的房间，用来作为门厅。它的天窗是为了灌注别墅的贮水池、接取雨水系统的一个部分。正庭通到一个有圆柱的花园区域也就是中庭里面。中庭里有苍翠的花草，并且能为周围的房间采光。

令人感到意外的是，设备完善的别墅虽然表示着身份和地位，但是其房间却很小，而且配备的家具也很少。富有的罗马人过分地把大笔钱财都花在了他们已经拥有的家具上面，竭力追求珍贵的木料、象牙和金质的家具。富人购买一张桌子所花掉的钱，能够供他们不那么富裕的同胞舒适地生活好几年。

罗马人为他们的别墅里几乎每一个房间都装饰上壁画和镶嵌图案。事实上，在像庞贝和赫尔库拉涅姆这样的城市里，大多数住宅的墙壁上都点缀着以自然风光、神话人物和静物为体裁的油画。不过，别墅里展示的各种画作却尤其考究精致，既反映了主人的情趣，也反映了主人的社会地位。主要的房间，诸如正庭、餐厅和主人的卧室，都用色彩最绚丽、形象最生动的画面加以装饰。甚至奴隶们的住房也可能悬挂上几幅小型画作。

这里绘画的风格总是异彩纷呈的。有些画家运用了透视、色调和缩短透明等技法来魔幻般地描绘出令人惊异的画面，以此把赏画的人带到了另外的一番天地。另有一些画家则运用灰墁浮雕和工笔重彩等手法在完整的石膏墙壁上创造出抛光大理石或是精加工石料的效果。

为了进一步美化别墅，图案画家们应聘前来用他们绚丽多彩的手工制品装饰地板和墙面，塑造出以花卉动物或复杂的几何图案为主题的现实主义画作。

虽然别墅的主人们并不挥动画笔或是动手镶嵌彩色的石料，但是他们无疑要选择所要表现的主题，所以他们个人的情趣也就很清楚地反映在了自己的墙壁上面。因此，有关家庭生活的画作问世了，一如出现了描绘别墅本身的画作。在埃及形成了一种专门反映埃及风光和礼仪的情趣。这种情趣在罗马人于公元前30年吞并该国之后变得更加浓烈了。但是，历史和神话的体裁对于罗马人来说比任何体裁都更加具有迷人的魅力。而且，虽说对于英雄和神祇通常都是怀着崇敬的态度来加以处理的，但是屡见不鲜的是，有些画家竟也偷偷摸摸地怀着一点儿罗马人的不虔诚来表现他们。

神工鬼斧凸显雕塑神韵

　　共和国时期，随着对外战争的胜利，罗马人将希腊和东方其他地区的雕刻作为战利品运回罗马，将各个民族尤其是希腊的雕刻家召到罗马，为他们复制和创作雕刻作品。体现罗马人坚定开阔精神的写实主义艺术特色，是这一时期罗马雕刻艺术的精华所在。罗马人根据自己的判断和审美标准将各种不同风格的雕刻调和起来，创造了现实性很强的肖像雕刻和叙事浮雕。

　　希腊浮雕长于塑造人物形象，布局井然有序。罗马人充分吸收了这一传统并保持了固有的民族地方特色，创造了大量既逼真又自然的精美浮雕，生动地再现了当时社会生活的情景，成为罗马古典艺术的瑰宝。现存于巴黎卢浮宫博物馆，创作于公元前2世纪的多密图斯·诺巴尔布斯祭台浮雕就是当时的一件典型作品。浮雕创作于祭台的栏板之上，主要部分是一长列浮雕带。它以罗马人所特有的认真执着刻画了公民应征入伍的每一细节，从社区户籍审查、宣布名额、应征登记、复核资格、体检、入伍编队、领取装备一直到祭神谢恩、奔赴疆场，事事均有交代。

　　在人物雕像方面，罗马人更是有着突出的成就。公元前1世纪的罗马帝国早期人物雕像就是古罗马艺术史上的佳作。它的独特之处就在于那丰富的表现力：各种人物的头像、半身坐像、立像的比例都很适中，形象十分逼真、优雅，神态自若，给人以立体感。不仅如此，古罗马人还创造了一种新的雕刻方法，这就是注重人物眼部瞳孔的雕刻，使之双眼传神。许多妇女雕像，远远望去，个个栩栩如生。由于受希腊雕刻的影响，罗马雕刻的体裁既有神学色彩的神像，也有政治色彩的政治名人像。

由于罗马浮雕大多以反映公共事件和历史场面为主要内容，因此这些作品经常出现在凯旋门、神庙、祭台等纪念性建筑之中。尽管保存至今的浮雕数量不多且残损严重，但从中仍可以看出罗马雕刻的明显进程。到奥古斯都时代，最能代表罗马特色的浮雕艺术达到了登峰造极的地步，其代表作就是"和平祭台"。祭台四面墙壁全部以大理石砌成，墙上刻满浮雕。内壁下刻栏杆，上刻花环，代表和平；外壁下刻花草纹样，代表和平带来的兴旺；上刻一系列人物浮雕，表现奥古斯都完成对帝国各行省巡视之后举行和平大祭一事；大门两边是神话浮雕和和平寓意浮雕，现仅存表现大地女神哺育万物的一块。女神形象在健美之余又显得无比端庄典雅，成为罗马艺术作品中最为完美的女性形象，表述了女性作为大地母亲的丰盈与生机，是罗马现实主义的创造气质与高度的写实技巧结合的产物。和平祭台的浮雕刻制精美，形象生动，是当时雕刻艺术中最杰出的纪念碑式建筑，也是希腊、罗马文化完美结合的样板。

奥古斯都之后，一度被压抑的希腊巴洛克派艺术重新兴旺，从而迎来了雕刻艺术的又一个高潮，它的特点就是在充分吸收古典优秀遗产的基础上，既充分发挥了希腊化的巴洛克风格，又融庄重典雅与热情奔放于一炉。帝国初期的浮雕艺术十分繁荣，成就卓著。这时的浮雕尽管内容丰富，异彩纷呈，但仍建立在奥古斯都时代浮雕艺术基础之上。从提图斯到图拉真的几十年间，是帝国初期浮雕创作的黄金年代。那些直接为宣扬皇帝服务的规模宏大的建筑上的纪念浮雕，将罗马的浮雕艺术推向高峰。这一时期颇具代表性的作品是图拉真广场纪功柱上的浮雕带。图拉真纪功柱之所以饮誉世界，主要原因就是其柱身上刻满了空前精美的浮雕。这条浮雕带在创作手法上既有对前代的综合又有新的突破。由于人物和场景太多且有大有小，浮雕采用了多视角的表现手法，如罗马军队渡河的场面采用

平视，安营扎寨的场面采用俯视，图拉真演说的场面则采用仰视。图拉真纪功柱浮雕代表了古典浮雕的最高水平。

肖像雕刻的出现是和殡葬仪式密切相连的。罗马人崇拜自己的祖先，有保存先人遗容的习俗。他们用蜡在死者脸上拓出遗容脸型，将它和灶神等家神同样供奉。这一习俗是促使肖像产生的主要动力之一。正是在这个基础上，罗马肖像才具有特别的意义，并逐渐发展为一种影响深远的艺术形式。共和末期，罗马的肖像以石刻代替了原来的蜡模，在写实之上更增添了神韵。从收藏于罗马托尔隆尼亚宫的那尊老人肖像上可以看出，此时的罗马肖像雕刻已经开始走向成熟。其独特之处就在于富有充分的表现力，各种人物的头像、半身坐像、立像的比例都很适中，形象十分逼真、典雅，神态自若，给人以立体感。这些肖像雕刻无论在艺术手法和表现风格上，都充分显示了罗马人坚定开阔的精神面貌，标志着共和末期罗马雕刻艺术的发展和新的成就。

帝国初期，为自己或祖先制作雕像留念，已经成为罗马上流社会的时尚，现存梵蒂冈博物馆的奥古斯都像就是其中最为著名的一尊雕像。在这尊雕像中，理想化乃至神化倾向已明显出现，历史上真实的奥古斯都本来身材矮小，跛脚而多病，但在作品中却被刻画得威武神勇，展示了帝国时期宫廷肖像的典型艺术特征。

这件作品被公认为古今帝王雕像之中最为成功的作品。为了强化对帝国政治的宣传，为皇帝的统治服务，当时的雕像艺术着重制作皇帝肖像以及宫廷贵族们的雕像。从内容上，多为皇帝和帝国统治者歌功颂德，增光添彩；从形式上看，主要有头像、胸像、全身像，并反映各种各样的装束和神态。

罗马彩绘的炉火纯青之境

罗马的绘画丰富多彩、别具一格。伊达拉里亚人时期遗留下来的绘画主要是墓室壁画。这些壁画的价值，不仅在于它本身具有的较高艺术性，更重要的是人们可以借助它来了解当时的社会生活、了解一些古代意大利及希腊壁画发展的真实情况。它注重写实的绘画传统，对后来罗马绘画产生了重要的影响。共和国时期，罗马的绘画逐步发展起来。传说公元前304年，一个斯奇比奥家族的人得到了"画家"绰号。诗人帕卡维阿也以其在墨丘利神庙的绘画著名。这一时期主要流行着以实用为目的的"凯旋画"和"葬祭画"。罗马人对凯旋画要求较高，希望通过它能逼真地表现战斗场景，给欢迎群众留下深刻印象。由于"凯旋画"作于布帛、木板等容易毁损的材料上，因此几乎已经无迹可寻。而"葬祭画"保存下来的也只仅有埃斯魁林山丘的墓画残片，绘有两个罗马将军相会的情景。

到公元1世纪，随着建筑事业的发展，装饰美术的繁荣，壁画也随之兴盛起来。从已经发掘出来的庞贝废墟中可以看出，当时罗马的富有之家通常喜欢用壁画来装饰房屋。壁画大都是山林、大海风景，或带有神话性的景物。从中还可以明显看出罗马人已经掌握了直线透视的远近法，光线和阴影的区分十分鲜明，只是颜色的种类还不够丰富。

19世纪晚期，学术界将庞贝壁画分为四种风格，这些风格基本上是按时间先后划分的，但也有一定交叉和历史联系：这种分类不仅适用于庞贝壁画，而且也适应于公元1世纪末期以前整个罗马的装饰绘画。

　　第一种风格被称为镶嵌风格或贴面风格。从严格的意义上来说，这种风格并不是绘画艺术，而是一种彩色的墙面装饰。这种风格往往在墙面上用石膏制成各种彩色的仿大理石板，并镶拼成简单的图案，是对用大理石砌成的墙垣的模仿。这种风格壁画上的色彩通常用暗红色、黄色、白色和黑色，主要突出色调的单纯和强烈。壁画上涂上颜色灰泥，由许多层组成，最后面是细微的粒子。这种风格的壁画大都出现在贵族的邸宅中。

　　第二种风格实际上是一种建筑风格。它的主要特点是在墙面上绘制各种房屋和装饰墙柱以及山峦、原野、树木、花鸟等自然风景，通过具有纵深感的立体图形，形成虚拟的各种美丽的幻觉空间，以达到扩大室内空间、丰富室内装饰的目的。这种风格的壁画往往在墙垣的中央画上形体庞大的场面，其中大部分取材于神话。庞贝城的许多别墅、邸宅中的壁画就是保存下来的第二种风格壁画的优秀典范。特别是庞贝"秘仪庄"的壁画，在第二种风格的壁画及整个古代壁画艺术中占有十分重要的地位。这是在一座宽大别墅的房间墙壁上绘制的图画，墙的上、下部是建筑装饰画面，其余的空间里画满了人物和活动。暗红色的背景描绘出画面人物的庞大形体，鲜明的色彩、优美准确的轮廓比例，显示出罗马艺术已经趋向成熟，达到了很高的艺术水平。许多场面逼真有趣，动人心目，使你不得不对壁画创作者的艺术功力赞叹不已。

　　第三种风格实际上就是一种装饰风格。它是一种冷静与华贵的有机结合，清雅纤巧、细中求精的贵族风尚。这种风格的壁画，加强了墙垣的平面性，把它用最精细的装饰纹样装饰起来。在装饰纹样间还有精巧华贵的柱子，活像金属的枝形烛台。这种壁画风格一般在画面中间以浅色强光凸现一幅梦幻般的风情画，内容有描写神话故事的，也有描写山水风景的。这种画往往有梦幻般的效果，画中湖光山色、亭台仙阁若明若暗，好似海市蜃楼；那建筑物上光芒四射的珠宝花环，尽显荣光豪华气魄。

　　第四种风格是将前三种风格中贴面、建筑、装饰的特征结合起来形成的一种综合风格。它兼备第二种风格的开阔和第三种风格的雅致，在古典的庄重高贵之外，又融入了豪华与激情，画面繁复华丽，层层叠叠，似真似幻，与欧洲17世纪流行的巴洛克艺术很有相近之处，因而也称为"庞贝的巴洛克式"。其代表性作品首推庞贝城中的维蒂家宅。在维蒂的家宅中，厅堂墙垣上布满了新风格的壁画，有的房间里绘制得富丽豪华，十分动人。这些画面一般分为许多方框，以深红宽带为边。中央大框和两旁及上部的框边内，都绘制着精美而丰富生动的画面，给人以四壁生辉、奇突变幻的感觉。其中有一组壁画充分表现了手工业生产和农林业生产的场景，作品构思新颖，想象力丰富，生活气息极为浓厚。壁画反映了金属工艺业、香料制造业、花木栽培业、织布业、葡萄种植业和林业的生产过程，并展现了许多令人陶醉的小爱神的形象。他们赤着身子，背上长着一对翅膀，头上满是金黄色的头发，兴高采烈地在从事各种劳动。他们如同凡人一样，都以辛勤的劳动者的姿态，出现在生产活动之中，奔跑于森林田野之上。尤其是维蒂家宅中的一幅"仙女摘花"壁画，更是赏心悦目，令人神往：三位仙女长着矫健的双翅，娇柔的丰姿，妩媚动人。她们来到凡间，在花丛中精心采摘各种鲜花，花篮里的花儿装了又装，似乎就没有满足的时候。这大地人间之美景，竟然使天上的仙女们也流连忘返了。维蒂家宅的壁画反映出罗马绘画的技法之娴熟日臻炉火纯青之境，它代表着一种独特的商人文化风格，是与罗马宏大壮丽的艺术主流相异的另一种审美风格。其中明白易懂的图解式写实手法与民间艺术有密切关系，展现了当时罗马城不易见到的另一类文化现象的存在。

在基督教成为罗马的国教之后，由于平面性很强的镶嵌画宜于表现神秘的宗教思想，因此成为早期基督教美术的重要形式，在室内装饰上逐渐取代了过去壁画的地位，并为中世纪拜占庭美术的发展奠定了基础。

随着社会进步和各种艺术形式的发展，罗马的实用美术日渐繁荣起来。各种雕镂和翻铸的金银酒杯、镶金的豪华玻璃器皿、晶莹无价的玉

石、精致的织物，共同装点着富有的罗马人的宅邸。由雕刻绘画向实用美术的发展，是生产力发展和社会进步的重要表现。

古罗马艺术内容丰富，形式多样，具有深刻的意义和深远的影响。它同希腊艺术一样，对世界各国艺术的发展起了积极作用。为世界艺术宝库增添了许多艺术珍品，那些令人赞叹的艺术成就，至今仍放射着灿烂的光辉，给人以莫大的艺术享受。

老普林尼和《自然史》

　　古罗马科学以综合见长，这一特点从著名科学家老普林尼（约23—79）身上得到了最为集中的体现。普林尼学识渊博，思想敏锐，他以其坚强的性格使自己成为古代罗马的楷模。

　　普林尼出生于意大利北部科莫的一个骑士贵族家庭。少年时曾求学于罗马，完成学业后便从政为官，终身为仕途忙碌。在日耳曼行省任骑兵长官期间，普林尼与罗马皇帝提图斯过从甚密，交谊甚笃，及至提图斯之父韦斯帕芗当政之时，普林尼擢升更快，先后出任西班牙、高卢、北非等地的财政督察官和驻麦散那的海军舰队司令等要职。

　　普林尼一生手不释卷，学习刻苦，分秒必争，并随时记下他认为有价值的资料。即使是在后来公务繁忙的政坛生涯中，他也几乎将自己全部的空余时间用于学习之上，因公旅行在外，他也总是命令随行的奴隶在身旁以书册写版侍候，甚至在就餐时也要吩咐奴隶给他读书，自己则边听边做摘要，有时甚至到了废寝忘食的程度。

　　他去世后，留下的笔记多达160卷，而他生前所写成的著作就有7部近百卷之多，其中以《自然史》最著名，并被完整流传至今，被誉为是古代知识最为渊博的科技著作。其余6部已经散失，仅存片段。

　　在《自然史》的前言中，普林尼强调这本书是献给提图斯的，而他写这本书的目的主要是为了研究"事物的本质"，以便为现实生活和生产提供借鉴和服务。全书记载的各种事物多达2万种，其内容34 707个条目按

学科可以归纳为8大部分。由此可见，由于罗马在当时已经汇集了希腊与东方文明长期发展的成果，其自然科学知识已经较为丰富和全面。

在写作《自然史》的过程中，普林尼参考引用的古代文献多达2 000种，提到的罗马作家有146位，非罗马作家327位，其中参考较多的主要学者就达百人以上。尽管普林尼本人在学术研究中没有什么新的创见，但在自然科学不受重视的古代，他能够倾全力收集、整理和挖掘出当时一般人忽视或轻视的这一领域内的知识材料，为后世保存了大量濒临散失的古代科学资料，使许多古代的科学知识得以保存下来，为我们研究古代的自然科学知识和了解古代的物质和精神文明提供了珍贵的依据，特别是在他所参照的绝大多数著述都已失传的情况下，普林尼的记载就显得尤为珍贵。

在《自然史》中，普林尼对于自然界与人类关系极为密切的事物倾注了更多的笔墨，其考察也较为精细，而对纯理论方面的问题则探究不多。如在第2卷中，普林尼就罗马人普遍关心的地震问题进行了详尽的观察。它不仅记载了历史上发生的较大的地震，而且还谈到了地震的前兆、原因、后果及防护措施等，尽管多无条理，但毕竟给后人留下了不少真知灼见和实践经验。在农业方面，普林尼不仅关心各种粮食作物的生产问题，而且也关心葡萄和橄榄的种植技术问题。此外，他还较为详细地记载了当时农业生产中出现的某些先进生产工具，如长期以来学者们都怀疑关于装有两把收割刀的牛拉谷物收割机记载的可靠性。1958年，在比利时南部发现的一幅公元2世纪的浮雕就说明了这种怀疑是没有根据的。在后7卷中，普林尼还记载了大量化学反应过程和处方，记述了古代提炼黄金的方法，是欧洲历史上第一部论述化学反应的科学著作。所有这些在别的资料中都是无法找到的。普林尼还创造了许多新的术语和名词，并从希腊语和其他语言中借用许多词，从而极大地丰富了拉丁语的词汇。这对于尔后拉丁文发展成为欧洲学术界通用的语言无疑起到了极为重要的作用。

对于中国人来说，普林尼最有意义的记载莫过于他在《自然史》第6卷中对于有关中国的记述了。他提到了中国对于罗马人来说最为重要的宝物——丝，将中国称之为"丝之国"。至于他认为中国的丝是一种树上结的绒，这是一个可以原谅的错误，因为他是将丝蚕和它必需的食物来源桑树混在一起了。此外，他还提到中国出产的钢很硬，质地很好。

应该承认，如果用现代的眼光衡量，普林尼的《自然史》的确还存在一些明显的缺点，这主要是因为他在复述前人的观点时往往缺乏应有的批判态度，从而导致各种观点不论正确或荒谬一概得到反映。1492年，意大利学者尼科洛·列奥尼契诺出版《关于普林尼的错误》一书，对《自然史》的权威性首次提出质疑。17世纪以后，随着自然科学的发展，普林尼著作中的错误被进一步揭露。即使如此，这部被普林尼誉为"像自然本身一样丰富多彩"的书，历经中世纪的浩劫而始终流传，哥伦布在进行第一次航海旅行前，读完了这部读物，得益甚多。文艺复兴时期该书更是成为古典传统在科学技术方面的代表读物，流传下来的近200份该书的古代抄本就充分说明了他的传播和受重视的程度。它对于我们研究古代自然科学、历史和语言具有极高的价值，对近代欧洲科学技术的发展产生了深远的影响。马克思、恩格斯在他们的许多重要著作中曾经多次引用《自然史》的材料，并给予普林尼以很高的评价。恩格斯在自己的著作中甚至称赞他是"罗马的百科全书家"。

以农立国　开创地理学先河

　　罗马是一个以农立国的农业国家，农业是罗马奴隶社会的决定性生产部门，这就导致罗马人特别重视农业科学知识的普及和推广。罗马农业科学知识之所以比较发达，除了吸取希腊和迦太基的成就外，也与公元前2世纪，罗马大农庄的形成、农业经济的发展密切相关。因为通过有效管理农庄，奴隶主才能获得较为丰厚的收益，而这一点正是奴隶主经营农庄的兴趣所在。早在公元前2世纪，罗马就开始出现了专门研究农业的著作。此后，不少罗马人都写过关于农业科学知识方面的著作。罗马史上出现的著名农学家主要有加图、瓦罗和科路美拉等。

　　加图（前234—前149）是罗马共和国时期第一位亲身从事农业管理的农学家。他在公元前160年用拉丁文写成的专门介绍农庄管理的专著《农业志》是罗马史乃至世界历史上第一部农业专著。它比我国现存最早的农业巨著北魏贾思勰的《齐民要术》还早将近700年。

　　加图的《农业志》共分为162章。在书中，加图主要讨论了庄园的选择原则，庄园的建筑方法，庄园人员的配置比例以及庄园的管理措施。此外，迦图还对庄园内各季的农事做了具体的安排：秋季，收获葡萄、橄榄、酿酒、积肥、秋播；冬季，运肥、伐木、谷地耕耘、除草；春季、夏季，嫁接果树和葡萄、修整橄榄、栽培橄榄树苗、建立苗圃等。整个四季安排得井井有条。加图的庄园完全是自给自足的整体。

　　加图的《农业志》材料丰富，观点鲜明，不但总结了他自己长期从事农业经营和管理的经验，而且也总结了前人在这方面的实践经验。值得后人引起高度重视的一点是，《农业志》一书不仅详细记载了意大利中部庄园经营管理，特别是使用奴隶劳动的情况，而且书中还对不同规模和性质的庄园应当使用多少奴隶劳动以及奴隶之间的内部分工进行了精确的推算，从而形成了一整套奴隶生产的经营管理思想。

加图的农业思想有明显的历史和地域的局限，对于农学中的许多重大问题，如农业的范围和分类，农业和畜牧业的关系等，他都没有给予回答，因而没有体系化和理论化。他的农学著作在很大程度上仅仅限于农业实践指南的范围。尽管如此，加图的农业思想和农书对于奠定古罗马农学的基础和指导当时和后世的农事都起了积极的作用。

瓦罗（前116—前27）是罗马第二位农学家。瓦罗出生于意大利萨宾地区一个偏僻的农庄，早年主要从政，曾担任过许多职位，在政治变革中九死一生。瓦罗是一位多产的学者，据统计，他的著作达75部之多。内容涉猎广泛，包括天文、地理、文学、历史、哲学、宗教等各方面内容。但大部分著作都已被毁，只有《论农业》是其唯一保存完整的代表性著作。

《论农业》是西方古典农业文献之一，此书大约完成于公元前37年。该书比较全面地总结了至公元前1世纪时罗马农业科学的成果，详细地论及了农、林、牧、渔等各方面的知识以及关于中型奴隶农庄的管理经验，是研究罗马生产实践状况的一部难得的著作。

《论农业》共3卷：第1卷主要是叙述经营农业的方法，包括农业的目的、范围，土地的耕种等；第2卷讲怎样饲养牲畜，论及畜牧业的起源以及各类牲畜的选购、饲养、繁殖、疾病的防治等；第3卷讲怎样饲养鸟类和鱼类等。

瓦罗还对农业的起源、农业的定义以及农业与畜牧业之间的关系等问题一一做了明确的解释。他把社会经济发展史分成了采集天然物为主、畜产品为主及农耕为主三个阶段。他正式将农业分为农耕、畜牧和家禽饲养

三大类，并提出水、土、空气、阳光四要素说，及"因地制宜"等颇具实践性的思想。他认为，牧业早于农业，虽然现在看来此说法未必符合事实，但瓦罗的这些思想在当时是很难能可贵的，具有承前启后的重要作用，而且具有开创性意义。

科路美拉（约公元1世纪）是古罗马第三位重要的农学家。他是西班牙加迪斯人，早年作为将领曾在叙利亚和西西里服过役，后移居意大利，并在拉丁的俄提亚获得一份地产，此后专心从事庄园经营，由此对农业产生浓厚兴趣。

公元1世纪中叶，罗马的农业经济开始走向衰落，我们从科路美拉的《论农业》中可以看得很清楚。科路美拉的《论农业》超出了瓦罗的同名作品所论述的范围，不仅局限于农学本身，更重要的是其社会经济史价值。

这本书成书于公元60年，共12卷。第1卷为序言；第2卷讲土地和农作物；第3、4卷讲葡萄种植；第5卷是关于土地面积和树木；第6、7卷论及家畜；第8卷谈论家禽和养鱼；第9卷讲野牛和养蜂；第10卷讲菜园和果园；第11卷讲管家的职责；第12卷论女管家的职责。

当时的罗马已处于繁华后的凋落阶段，面对难以承受的赋税，富人们疯狂地寻求免税权，并千方百计地转嫁赋税，税收的沉重负担逐渐转移到农民头上。罗马帝国及统治阶级上层为满足其奢侈腐化的生活，对中下层群众的剥削越来越重，素来以生产为荣的小农渐渐感觉到生产的产品越多，被国家和富人榨取的也就越多，慢慢对自己的工作丧失了兴趣。加之崇尚奢华的世风的影响，作为中小生产者的罗马平民也十分鄙视劳动，致使享乐者越来越多，生产者越来越少。

科路美拉在书中分析了公元1世纪人们这种不重视农业、抵触劳动导致的后果，并以强烈的语气表达了自己的愤慨。另一方面，他也非常重视科学知识在农业生产中的作用与推广，在如何改善和提高农业生产方面提出了自己的见解。除此以外，他还分析并总结了希腊、迦太基和罗马共和国时代许多农学家的成就，共涉及数十位农学家的著作，其范围之广、程度之深是前代同类作家所无可比拟的。因此，科路美拉的《论农业》堪称世界农学史上的开山之作，在世界农学史和古代科技史上均占据重要地位。

公元前2世纪，地理学在罗马开始兴起，最早对地理学知识进行论及的学者是著名历史学家波里比阿，他在其《历史》中不仅阐述了有关普通地理学的概念，而且还首次对意大利、高卢、西班牙的地理特征做了详细的描绘，从而开创了地理学的先河。

继波里比阿之后，出生于小亚细亚以弗所的阿尔提米多鲁斯在游历了意大利、西班牙、埃及、埃塞俄比亚和努比亚等地后，一路上搜集资料，编写了一部11卷的《有人居住世界的地理学》，当时对罗马影响也很大。

到了共和末年和帝国初期，罗马地理学在当时统治者的支持下得到了很快的发展。奥古斯都的女婿和战友阿格里巴编制了当时全部已知世界的巨幅地图。帕加马的梅尼普斯在公元前35年至公元前25年间，写了一部3卷本的《内海航行记》，书中详尽地记述了地中海沿岸地带的地形状况。此外，卡拉克斯的伊西多鲁斯也在奥古斯都的要求下于公元前20年左右写成了一本名为《帕提亚旅程》的著作。该著作叙述了从幼发拉底河上游的祖格马（今比里吉亚）到阿拉库里亚的亚历山大里亚（今阿富汗的坎大哈）的商道路线，简单扼要地描述了沿途各地的风光特色，记述了村庄、大市镇、堡垒、城市、宫廷等，还提到了一些神庙，并将沿途城市归纳为山麓城市、河畔城市和岛上城市等类型。因作者出生于底格里斯河下游的卡拉克斯城，对帕加马与罗马交界处的地形十分熟悉，所以他的著作一问世，便受到了元首和将军们的赞赏。不过，在当时对罗马地理学影响最大的学者则首推斯特拉波。

斯特拉波（约前64—前23）出生于希腊本都地区阿马西亚城的一个贵

族家庭，从小受到良好的文化教育。公元前44年，他移居罗马，在这里从事学习和写作活动。公元前29年，他结识了奥古斯都的亲信大将加卢斯，次年加卢斯就任埃及总督，他便随同前往埃及。斯特拉波在埃及逗留多年，游历了埃及许多城市，还随加卢斯出征埃塞俄比亚，到达西恩纳（今阿斯旦）和埃塞俄比亚边境地区。晚年，他重返罗马，潜心地理学研究，并成功地完成了《地理学》一书的编撰工作，由此奠定了自己在地理学上的宗师地位。

斯特拉波的《地理学》共分17卷：其中前2卷是引言；第3卷至第10卷讲述了欧洲地理，特别是西班牙、高卢、不列颠、意大利、日耳曼、斯基泰、巴尔干半岛等地区的地理状况；第11卷讲亚洲的概貌；第12卷至第14卷讲小亚细亚；第15卷讲波斯和印度；第16卷讲两河流域、叙利亚、阿拉伯；第17卷讲埃及和北非地区的地理状况。

斯特拉波认为，地理学是对人类居住世界的描述，不仅要研究一个地方的自然属性，还要研究它们之间的相互关系。他记录了存在于地面的人、动植物和陆地、海洋，为描述地理学奠定了基础；对已知世界进行了区划和分类，成为区域地理研究的代表；把海岸分为岩岸、沙岸等类型；研究了陆地上升、下沉和三角洲的形成；第一个描述了非洲沙漠中的绿洲，正确解释了尼罗河的泛滥，将其归因于埃塞俄比亚夏季丰沛的雨水；指出火山土、碎屑土和冲积土的肥力不同；提出自然因素对人文现象（如聚落、人口密度和风俗习惯）有很大影响，注意到了历史对地理的作用。

《地理学》是西方古代地理学的一部经典著作，也是古代罗马给后世留下的篇幅最大、资料最为丰富的地理学专著。直到今天，斯特拉波的著作对于从事古代地理学和历史学研究，对致力于古代其他学科的研究，都是一个重要的资料来源，长期以来对西方地理学的发展有着重大影响。

工程建筑与医术的成就

罗马的工程技术由于直接服务于生产，在重视实用的罗马文化中显得极为突出，并出现了许多成果和具有开创性的著作。生活于公元1世纪的色赫伦不仅写过工程技术方面的专著，而且还有许多发明创造。他曾制造过比较复杂的滑轮系统和起重机械，设计过计程器、虹吸管、双缸单程鼓风机和测量用的照准仪等。与他同时代的另一位特别值得一书的人物是著名建筑师维特鲁威。他在建筑史上的贡献就是建造了罗马城的供水工程，并著有《建筑十书》一书，因而被后人称之为西方建筑学的鼻祖。

维特鲁威是公元1世纪初一位罗马工程师，全名为马可·维特鲁威。维特鲁威出身富有家庭，受过良好的文化和工程技术方面的教育，熟悉希腊语，能直接阅读有关文献。他学识渊博，通晓建筑、市政、机械和军工等多项技术，也钻研过几何学、物理学、天文学、哲学、历史、美学、音乐等方面的知识。他先后为两代统治者——恺撒和奥古斯都服务过，任建筑师和工程师，因建筑作品而受到嘉奖。

《建筑十书》是西方古代唯一保留至今的最完整的古典建筑典籍。于公元前27年维特鲁威开始著说，约于公元前14年出版。

《建筑十书》被认为是世界上最早的建筑学专著，全书共10卷：第1卷讲建筑原理；第2卷讲建筑史和建筑材料；第3、4卷讲庙宇和柱式；第5卷讲城市整体规划；第6卷讲住宅；第7卷讲居室设计；第8卷讲供水工程；第9卷讲计时器；第10卷讲机械学和各种机械。全书不仅总结了希

腊、罗马的建筑设计和城建经验，而且还讨论了建筑物的性质及其与城市的关系，涉及地段、环境、道路、地形、朝向、风向、阳光、水质、污染等多方面的问题。其视野开阔、论述全面，具有理论与实际相结合的实用性。维特鲁威首先提出了建筑科学的基本内涵和基本理论，建立了建筑科学的基本体系，将建筑原理变成了一门科学；同时介绍了当时唯物主义的哲学思想和自然科学成就，并将它们与建筑艺术结合起来。例如，他注重建筑艺术，强调建筑整体、局部以及各局部之间和局部与整体之间的比例关系。他把以数的和谐为基础的毕达哥拉斯学派同以人体美为依据的希腊人本主义思想统一起来。将理想原则和直观感受结合起来，让理想化的美和现实生活中的美融合起来。这一切都成为人文主义在建筑学中的具体体现，文艺复兴以来许多艺术家和建筑家都不断据此琢磨感悟着古典艺术的真谛。他强调理论的作用，提出了建筑师的教育方法和修养要求，要求建筑师德才兼备；他把建筑技术和建筑艺术结合起来，总揽前人成果又为后人建立了规范，其"实用、坚固、美观"的设计原理，至今仍旧是建筑创造的基本宗旨。对于当时的建筑经验，维特鲁威也极为关注，在书中他对建筑材料、结构、施工技术、施工机械等进行了详细而又全面的论述。由于该书对希腊、罗马建筑的经验和技术做了全面而系统的概括和总结，因而备受后人的重视，被认为是奠定西方建筑理论基础之作。

此外，弗隆提努斯也是当时一位有名的工程技术专家。此人不仅做过不列颠总督，而且还出任过罗马引水工程总监，并著有《论罗马城的供水》一书。在书中，他不仅就罗马城的引水工程维修管理问题做了专门的探讨，还在实验中发现，水由管口流出时的速度，不仅决定于管口的大小，而且决定于管口在水面下的深度。

可见，以务实为特色的技术在古代罗马不仅相当发达，而且在某方面已经达到了很高的水平，这一方面与罗马工农业生产的迅速发展和大规模的工程建设密切相关，另一方面，也充分体现出罗马人务实致用的民族精神。

罗马的医学也是在希腊医学的影响下发展起来的。但早在希腊医学传入罗马以前，罗马医学就有了很长的发展史。公元前14年，罗马建立了世界上最早的公立医学学校。此后，罗马帝国在各个行省设立医疗中心，由政府给医生和医学教师发薪水。罗马医院特别重视外科和妇产科的研究，这跟他们外战频繁、重视人口生育有很大的关系。罗马医生还发明了手术用的钳子、镊子和其他医疗器械，能切除甲状腺肿、扁桃腺和其他结石，能为难产妇女接生。著名的医学家大都出现于帝国时期，如塞尔苏斯和盖伦等。

塞尔苏斯是一位伟大的医学百科全书编撰者，被誉为"医学上的西塞罗"。他著有《医学大全》一书，其一生最大的贡献在于对医学史进行了系统的研究，保存了希腊时期和亚历山大里亚外科学的有关资料，创造了拉丁术语。

《医学大全》共8卷，第1、2卷专论医疗学和病理学原理；3、4卷谈内科各症；5、6卷谈外科；7、8卷专论手术。全书的手术部分是其精华所在，在这一部分，他不仅提到了如何对脸部和嘴进行整形、如何从鼻孔取出鼻息肉和切除甲状腺肿，而且还设想了如何切除扁桃腺或扁桃体的手术，如何用邻近部位的皮肤进行外科整形。这些医学成就充分表明塞尔苏斯的确是古罗马医学史上最有才干的人，他也确实自成体系地影响了后世西方医学的发展。

塞尔苏斯和他的著作在近代早期具有奇特的反响。他的著作在古代被轻视为仅是通俗读物，而到了中世纪就几乎完全散失，但在1426年发现了他的一本医学著作，并在1478年印刷了一版。这时正值文艺复兴的人文主义兴起，医学正在复苏，医学的拉丁文术语中，大量利用了解剖学的术语，如软骨、腹部、扁桃体、椎骨、肛门及子宫等。文艺复兴时期，他的著作被医学界大力推崇。

　　盖伦（129—199）是古罗马最著名的医生和古典医学的集大成者，也是古代欧洲最后一位医学大师。他出生于小亚细亚帕加马地区的一个书香之家，自幼受到了良好的教育，成年后前往爱奥尼亚、科林斯和亚历山大里亚等地遍访名师，研习医学与哲学，此后即以行医为自己的职业。公元168年，由于医术高超被罗马皇帝招为御医，此后便长期在罗马宫廷服务，直到去世。盖伦一生勤奋，除行医之外还潜心著述，据说其著作多达131部，流传至今的有83部。最重要的医学专著有《论理想的医生》《论医术》《解剖过程》《身体各部分的机能》等。

　　盖伦被后人公认为欧洲一千多年来医学上的绝对权威，其医学成就不仅奠定了西方医学的基础，而且代表了古代希腊、罗马医学的最高水平。一方面他对以往的医学成就作了高度的概括与总结；另一方面，他又继承了希波克拉底的体液说和埃拉西斯特拉塔的生理学说，并以亚里士多德关于灵魂的自然哲学思想为基础，结合自己从事解剖学研究的一系列重大发现，建立了一套较为完整而又自成体系的医学理论。从盖伦的著作和整个医学体系中可以看出，他在动物解剖学方面确有其独到精深之处。他曾经试图从解剖学的角度去了解人体器官及其活动，尽管在当时的条件下人们还无法进行直接的人体解剖，而只能以各种动物代替，因而导致他对人体的了解是初步的，并有不少错误。但他试图通过动物解剖来发展医学的方向无疑是值得赞赏和肯定的，因为它不仅标志着解剖学的萌芽，而且也有力地推动了医学的发展。他在解剖学方面的伟大成就，不仅在欧洲，而且在世界上也是空前的。他不仅最早奠定了实验生理学，而且他还是最早认真研究解剖的学者，为世界解剖生理学的发展作出了杰出的贡献。

　　此外，盖伦在生理学、病理学、药物学、治疗学方面也有较为卓越的贡献。他对神经病的专研就颇有心得，他将神经分为运动神经、感觉神经和混合神经三大类。对于人体的生理机制，他认为灵气是生命的要素，共分为三种，即由消化系统摄取营养而进入肝脏、静脉的"自然灵气"；由此再经心肺与空气接触而带上的"生命灵气";最后心脉通联大脑,成为"动物灵气",通过神经系统支配全身感觉运动。盖伦认识到动脉的功能是输送血液而不是输送灵气,但他相信这些血液流到全身各个部位并被吸收,这种说法当然有谬误的成分。由于他的"三气"之说与基督教教义基本相符合,因此受到教会的支持和利用,被神学家们作为论证上帝有目的地造人的证据。直到17世纪哈维等人创立血液循环学说以后,人们才认识到了这一点,而盖伦的学说在当时毕竟对古代医学的神秘迷信成分作了较多的清除,成为古典医学生理概念的基础。盖伦的病理学则主要是继承了传统的四体液说,体液平衡人体则健康,平衡破坏则生病,因此治病主要依靠调节、排除过剩的体液和腐败的体液。而他有关药物学的著述则介绍了当时人们已知的各类药材,其中包括矿物药品100种,动物药品180种,植物药材540种,堪称古代药物学的大成。

古罗马独特的教育体系

　　早期的罗马社会是农业社会，家庭是支配当时罗马人社会生活的主要力量。这时的罗马教育，都是在家中进行的。家庭既是社会的基层组织，又是教育儿童的主要课堂和中心。儿童们未来的优良品行和正确的社会责任感都是从这里培养起来的。

　　家庭教育一词的拉丁文为"Educatio"。在家庭教育中，父母是最主要的老师。只要父亲抱起刚刚出生的婴孩，他就负有对其进行教育的责任。一般来说，早期罗马的教育主要包括言行教育和课本教育两大类。

　　所谓言行教育就是长辈通过言传身教的方法，把自己所积累的知识和经验传授给下一辈。这种教育在早期罗马可以说相当普遍。小普林尼对此曾有过明确的记载，他说："在我们祖先中间，教育既是眼睛的事，又是耳朵的事。通过对长辈的观察，年轻人学会了他们自己不久要做的事情，而且知道轮到他们教育后代时，应该做些什么。"言行教育的范围相当广泛，包括诸多方面，如农业技术的传授：父辈们经常带领自己的儿子在田间进行实地农事操作，并在劳动过程中，传授有关农业生产的知识和经验；军事技术以及社会经验的传授：在劳动之余，父辈们还经常教儿子们投掷标枪、练习骑马、角力、游泳，传授有关军事方面的知识、技能、社会经验。等儿子稍大，父辈们就带领他们出席各种会议，让其聆听长辈们的言论，模仿他们的言行规范，并参加各种宴会，学习就餐礼仪。

　　在实行言行教育的同时，罗马人还特别注意对儿童进行课本教育。当时的主要教材为歌颂英雄的民谣、宗教和军事题材的诗歌以及《十二铜表法》。父母们利用这些材料，对儿女进行读、写教育，使儿女初步掌握日常的文化知识。

家庭教育的质量明显地取决于父母亲的文化知识素养和对它的重视程度。在这一时期，最能代表罗马上层家庭教育的，就是老加图的子女教育法。据普鲁塔克记载：老加图非常重视子女教育，他家虽然有一位精通文法的奴隶，但是他并不放心让奴隶去教子女，而是亲自负担起家庭教师的重任，给儿女教授文法、法律以及各种必要的课程，同时又向儿子传授骑马、拳击、陆战等军事知识。为了锻炼儿子抗寒耐旱的能力，他还亲自领他到波浪滔滔的台伯河中游泳。出于对儿子进行爱国主义教育的需要，他还亲手用大字体写了一部《罗马史》，供儿子学习，使儿子无须离家就能了解和熟悉自己的祖先以及他们的习惯。此外，老加图还特别注重身教，他在子女面前如在神面前一样，绝对不使用有失体统的言辞，并且绝对不和子女一同入浴。

很显然，罗马传统教育的主要目的在于培养合格的罗马公民，在于培养良好的士兵和丈夫。所以，在罗马人那里，教育只是实际的需要，对于与现实生活无直接关系的任何内容，他们一般都很少注意。这方面，我们可以从加图的教育思想中看得很清楚。加图曾经写了一本论述儿童教育的书，在此书中，加图认为：好公民只需学习讲演、医学、农业、军事等实用技术，对此以外的任何知识都无须重视。这正是罗马人崇尚实际、讲求实用的价值观在教育思想中的反映。

罗马学校教育的出现时间较晚。它的出现与希腊人的到来有很大的关系。根据现有的材料，即使到了公元前300年，罗马的教育仍然处于家庭教育时代，教育的地点仍然是家庭、田野和政治活动中心。人们所崇尚的还是个人的勇猛和严格的公共道德。因为当时罗马与外界接触甚少，所以对其他种类的教育并没有多大兴趣。但是，随着与罗马和意大利半岛南部

及西西里等希腊化城市的接触增多，罗马与希腊化文化的交流也有了一定的发展。公元前303年，一些希腊教师来到罗马，并在这里创设小学，以补充家庭教育之不足。不过，这些学校的创设，完全是一时风尚，对罗马传统的教育制度并未形成严重的威胁。

公元前280年，罗马开始向南部意大利进军。8年以后，意大利半岛南部的希腊化城市——他林敦被罗马占领。有许多希腊人被作为奴隶带到罗马，著名的文法学家安德罗尼库斯便是其中的一员。在罗马，他被分派到学校教书。在教学过程中，他发现罗马的教学课本非常贫乏，于是就动手将由希腊文写成的《奥德赛》译成拉丁文。此书的翻译，对于罗马学校的发展和罗马文学气氛的培养，均有重要的影响。《奥德赛》立即成了学校的重要课本，成为《十二铜表法》以外的补充读物。此后，罗马的私立学校不断出现，许多希腊教师也纷纷到这里授课讲学，学校教育开始在罗马发展起来。不过，这时的学校教育，就其范围而言还很小，教育的对象也仅限于上流社会的少数青年，距离教育的普及还相当遥远。

罗马学校教育的发展显然是与罗马对希腊的征服分不开的。公元前2世纪中叶，希腊被罗马彻底征服，成了罗马的一个行省，希腊文化如同开闸之水，直泻罗马。希腊的文人学者、教育家成批地涌向罗马，在这里创设学校，讲授知识，传授思想。一时间，罗马城变成了希腊学者传播希腊思想和文化的讲台。然而，希腊对罗马的文化征服并不是一帆风顺的，它遭到了罗马顽固派的顽强抵抗。公元前173年，两位伊壁鸠鲁派教师被元老院逐出罗马，理由是他们提倡享乐主义。12年后，元老院又发布禁令，禁止希腊哲学家及修辞学家在罗马居住。

然而，对希腊文化的干预并没有带来很大的效果，从安德罗尼库斯起，逐步发展起来的希腊—拉丁文学，到公元前2世纪中叶，已经得到了罗马公民的普遍喜爱。这种对文学的喜爱，不但促进了拉丁文学的发展，而且也加速了"文法"学校的设立。不久，罗马又出现了一些拉丁修辞学校。与此同时，在罗马也出现了用拉丁语教学的老师。西塞罗告诉我们，他曾清楚地记得在他还是孩子时，有一个名叫普洛提乌斯的人首先开始用拉丁语教学。那时，成群结队的学生上门求教，所有勤奋的学生都在他那里接受训练。这样，罗马的学校教育终于在希腊文化的影响下确立起来了。

起初，各类学校的教学工作，都有一定程度的重叠交错。一些初级小学已讲授文学。甚至迟至公元1世纪末，文法教学有时还要讲授高级修辞学。但是，经过一段时间的实践，罗马人以其非凡的组织才能，或多或少地确定了学校的职责范围，从而产生了学校的分级办法。这种分级办法一直沿用到帝国晚期。

小学是教育制度进化的初级学校。小学的主要任务在于学习拉丁文字，课程包括读书、写字和算术，至于罗马人为何重视读、写、算而排除希腊人所特别强调的音乐和体育，这是由下述原因所决定的：

第一，罗马人是一个重实际的民族，学校开设的课程必须有很大的实用性，否则，它将得不到社会的承认；

第二，在罗马人看来，识字和计算是治理国家和家庭所不可缺少的技能，是值得重视的课目。而音乐和体育则只是娱乐项目，对于罗马儿童的发展不会带来很大的影响；

第三，重视道德是罗马民族的一种美德，对于传统观念很强的罗马人来说，显然是不会允许自己的儿子赤身裸体地去从事体育竞赛的。

罗马小学都是私立学校，政府对它既不资助也不禁止，既不奖励也不监督。学校的设备一般都很简陋，校址多半设在庙宇或普通的民房里。每一位7岁至12岁的男女儿童都可到小学求学。学费一般由教师自由规定。罗马的小学教育一开始就是文字教育。其程序常常为先读后写。这一点我们可以从曾在罗马居住了22年的希腊史学家狄奥尼修斯的记录中得到证实。狄奥尼修斯说："在我们学习读书时，我们知道字母的读法，字母的

形状，它在音节中的重要性，字母与字母的不同点，然后再认识字和它们的变格，知道它们的音调后，再去了解其余。""我们只有在做到以上的事后，才开始一个音节一个音节地读，一个音节一个音节地写。以后，字的组成才能够印到我们的记忆中，我们然后仔细地念初级课本，然后再读各种课本……"在学童掌握了一定的文字后，教师才给他们教授算术。因为在罗马数字中没有十进位的"0"字，所以，儿童们学起来非常困难，往往得花费很多时间才能学懂。

现存的绝大部分材料显示，对学童进行体罚是罗马小学教育中不可缺少的一部分内容。"主罚教师怒气冲冲，被罚儿童呼天喊地"，这正是罗马学校生活的真实写照。受罚学生常常被同学抬到肩上，接受教师责打。文学巨匠贺拉斯的老师奥尔比利乌斯就是常用鞭子抽打学生的典型。这种体罚制度在罗马一直非常流行，即使到帝国后期亦复如此。当圣奥古斯丁（354—430）年届72岁时，有人问他愿意等死还是回返童年生活，这位神父毫不含糊地说，他宁愿等死，也不愿返回童年接受教师的鞭笞。由此可见，罗马教师对儿童体罚之频繁与残酷。

罗马小学教师的地位跟希腊的同行一样低微，他们一般由奴隶或被释奴隶充任，是时常受到人嘲讽的对象。

罗马的中等学校又称文法学校，经济上较为富裕的人家的男孩在小学毕业后便可进入这种学校。最初，罗马的中等学校事实上是一种外国语学校。教学用语是希腊文，教师大多是希腊人或由希腊人教育出来的拉丁人，教材也是希腊人的作品居多。到公元前1世纪初叶，随着拉丁文学的发展，这些学校也发生了变化，除了原先的主课以外，还增设了拉丁文、拉丁文学等课程。与此同时，以讲授拉丁文为主的文法学校也开始出现。

学生进入中等学校以后，开始学习文法课程。罗马的"文法"主要包括两部分，即正确的语言艺术和诗人们的解释。用现代的话说，罗马的文法教育实际上就是指语法和文学的教育。按照惯例，学童们首先学习的是希腊或拉丁语法。学习语法的目的主要在于正确无误地使用语言。狄奥尼修斯·特拉克斯所著的《希腊语法》和拉米乌斯·帕莱蒙所撰写的《拉丁语法》是当时学童学习语法的主要教材。学童必须细心学习动词的变尾和名词、形容词、代词的变格形式。

掌握了基本语法之后，学童们又开始了希腊文学或拉丁文学的学习，学习文学的目的在于培养罗马青年对文学风格的欣赏能力，以便拓宽视野，开阔思路。诗人的作品常常是学童们学习的主要教材。学习的程序是：先朗读必读的教材。文法教师先朗读一段，学生们则跟着他复诵，要求仔细注意音调和音量，尽量使朗读收到真正的效果。接着由教师讲述课文，包括有关词源和文法特点的注释，以及有关历史、神话、哲学和自然科学的旁注。老师讲课时，学生应将评注记录下来，并要求熟记。再接着就是仿照亚历山大里亚学者的方式，校勘和讨论不同的读物。此外，老师还要对所选文章作一评论，对作品本身、作者创作风格以及主要的优缺点做一些批评性的评价。最后，为了巩固已学到的知识，训练学童的表达能力，教师有意让学童用自己的语言复述课文的内容，做各种释义练习。荷马和米南德是很受欢迎的希腊作家。受欢迎的拉丁作家有维吉尔、贺拉斯、萨鲁斯特和李维等。

一般来说，中等学校的设备很好，教师的待遇也非常优厚，因此，他们在罗马社会中的地位也较高。学校内纪律严明，要求严格，违反校纪者常受体罚。每日授课时间很长，学生从早晨上学一直要到傍晚才能回家。一年四季只有暑假而没有寒假，暑假由6月1日开始到10月1日结束。此外，各种纪念庆典，中等学校也都放假庆祝。

除了中等学校以外，还有专业学校。罗马的专业学校又称修辞学校，罗马贵族或富有人家的子弟，在16岁以后便可进入这种学校，接受3年或4年的修辞教育，以补充文法学校教育之不足。这种学校也是在罗马征服希腊后，仿照雅典的模式而设立的，其目的在于培养专门的雄辩人才。哈

德良的私人秘书苏埃托尼乌斯曾告诉人们说："文法和修辞被介绍进来是很迟很迟的事，其间也是迭经挫折，甚至也被禁止过……但渐渐地，修辞学本身证明它是一门很有价值的学问，群众开始用它保护自己，并同时用它扩大影响，获取荣誉。到帝国初期，修辞学的作用已经发展到如此之大，以致许多学过修辞学的人都登上了元老和高级官吏的位置。"

罗马修辞学校最初都是私立的，到韦斯帕芗时，才出现了由政府出资创办的公立学校。修辞学校的课程主要为修辞学和辩论术。但为了把学童培养成学识广博的雄辩人才，学校还为他们开创了各种与雄辩术有关的课程，其中包括军事、政治、法律、哲学、伦理、文学、历史、地理、音乐、天文、数学、物理等。中世纪的七艺——文法、修辞、伦理、音乐、数学、几何及天文，似乎都包罗在修辞学校的功课里面。

修辞学校的教学方法，首先是精读著名雄辩家的演讲词，然后再由教师指定题目作实习辩论，练习撰写演讲稿。精读、实习辩论、撰写演讲稿的题目，都必须遵循罗马法的法理精神。

最初，罗马并没有大学，罗马青年在完成了专业学校的学业以后，若要继续学习深造，就必须到东方的希腊去读大学，晚期的许多罗马名人都接受过这种教育。例如，布鲁图斯、贺拉斯和西塞罗等都曾在雅典上过学，恺撒、卡西乌斯等也曾在罗德斯岛求过学。自从韦斯帕芗皇帝在和平庙创设一所图书馆以后，罗马的大学才开始萌芽。公元125年，哈德良皇帝模仿亚历山大里亚的图书馆，在罗马城创办"罗马学府"，这是罗马最早出现的公立大学。学校分别聘请希腊、罗马的文学家、雄辩家、哲学家负责学府内的教授和研究工作，各省城的很多青年都负笈前来。只因为大学的重心主要放在希腊人已经探求过的学术上，所以对于科学和建设性思想的发展并无多大贡献。

到公元2世纪中叶，罗马帝国的各级学校都有了很大的发展。各级学校在行省和自治市纷纷兴起。教师待遇也有所提高。安敦尼·庇护皇帝曾指令各自治市政府必须支付教师的工资，并给予其免税待遇。重要的自治市必须拥有10位医生、5位文法学家和5位修辞学家。稍小一点的城市必须有5位医生、3位文法学家和3位修辞学家。狄奥多西乌斯二世之时，曾授权君士坦丁堡的一所大学设置公众性的文法、修辞、哲学以及法律教授。其教授比例为：20位文法教师(其中10位教希腊文，10位教拉丁文)、8位修辞学家(其中5位教希腊文，3位教拉丁文)、2位法律学家、1位哲学家。由此可见，罗马皇帝对教育管理之重视。

从公元前3世纪中叶以后，罗马人开始大量地接受希腊思想和文化，并在希腊教育制度的基础上逐渐建立了自己的教育制度。

但是，简单地把罗马的教育制度归结为对希腊教育制度的搬抄，那就大错特错了。因为罗马人虽然采取了希腊教育制度的形式，但并没有完全陷于纯粹抄袭的程度，而是在自动地模仿希腊教育制度的同时，对它又做了进一步的发展。所以，罗马的教育制度，不仅是对希腊教育制度的保存，而且还是对希腊教育制度的完善和改进。

具体地说，罗马教育制度的最大特色在于，教育系统地为实现罗马理想即培养优秀的公民和杰出的演说家提供了最好的服务。教育内容力求实际全面，训练方式讲求实用效果。正因为罗马教育的主要目标在于培养儿童或青年的整个个性（包括身体、智能、道德等方面)的完美，所以，在中世纪结束后开始的教育重建时期，人们首先继承的便是罗马的教育模式，而非希腊的教育模式。这种模式一直到19世纪还在欧洲学校中占有统治地位。

古罗马的婚姻家庭形式

　　古罗马家庭是罗马国家的缩影，它是以血缘、宗教信仰和爱国热情为纽带组成的。罗马自王政时代起，父权制大家庭就取代了氏族公社，成为社会的基本单位。

　　古罗马的父权制大家庭是非常典型的。父亲作为家庭的祭司，是当然的家庭主宰。在家庭内部，无论是他的妻子儿女，还是他的寡母都必须无条件地听从他的指挥，至于属于私人财产的奴隶就更不在话下。在家长权威的制约下，罗马婚姻坚持一夫一妻制的原则。共和初期罗马实行的是有夫权婚姻。所谓有夫权婚姻，是指女子出嫁后，断绝与原有家族的法律关系，而成为夫家家族的成员。她祭祀夫家祖先，改从夫家姓氏，为夫权所"支配"。丈夫有权对妻子进行惩罚、出卖甚至杀死。但此时家庭中的夫权至上权威并不是十分牢固，妻子在嫁入夫家之后，仍旧拥有管理自己嫁妆的权力，这就使她在丈夫面前保有相对的独立性。于是，在家庭生活中，妻子不仅在宗教生活中有权与丈夫平等，而且还成为这种家庭经济的女主人。

　　共和后期，有夫权婚姻被无夫权婚姻取代，妇女在家庭中的地位得到改善。这种情况的出现一方面与罗马社会的发展密切相关，另一方面则与罗马妇女经济地位的改善、政治地位的提高以及妇女在社会文化活动中地位的提升有关。无夫权婚姻使妻子依旧隶属于原有父系，不受夫权支配，对子女完全享有母亲的资格。她操持家务，纺线织布，抚养孩子，教育子女，给奴隶支派工作，监督他们的劳动。另外，在有夫权婚姻下，丈夫可以单方面作出与妻子离异的决定，而妻子则无此权利。所以在有夫权婚姻中，离婚是丈夫的特权，实际上是丈夫可以任意抛弃妻子。在无夫权婚姻中，夫妻双方均有同等要求离婚的权利，也无任何限制。

第二次布匿战争之后，由于成千上万的罗马战士离开家庭，奔赴战场，这不仅使罗马人大大地开阔了眼界，而且导致财富增加，奢侈品输入，很多家庭男子死于疆场，家产落到了妇女手中，导致罗马妇女的经济地位有了明显改善，使她们开始放弃先前那种简朴的生活，讲究衣着服饰。保守的贵族则总是认为妇女生性轻佻，必须由男子监护。所以，总是通过各种法案来限制妇女的自由，尤其是限制女继承人占有地产的数额。但事实上，由于很多出身富有的妇女都有机会与男子一样接受教育，因此她们根本就不理会法律的有关规定，独立地处理自己的事务，这就导致家庭内部婚姻破裂者日益增多，其原因一方面是由于家庭内部不和，感情反复无常；另一方面则是由于政治上的缘故。这方面罗马帝国的创立者奥古斯都就是典型例子，婚后仅仅一年，他就在其子出世那天与妻子离婚，不久就与另一位已婚妇女再次结婚。由此可以看出，这种婚姻根本就谈不上家庭内部的幸福。对于这些道德沦丧之举，罗马政府也曾经试图用法律来予以约束，以改革这种不良的生活方式，对不道德者处以严惩。

在古代世界的大多数民族中，婚姻往往都是不自由的，罗马也不例外。人们很难有权利选择自己的妻子或丈夫，大多都是由父母做主，而结婚也很少是出于爱情，只是为了生儿育女、传宗接代，或者干脆仅仅为了达到某种目的，通常是有关经济或政治方面的。

古罗马人结婚时很小，妇女尤其如此。男子最早15岁—18岁，女子13岁就可以结婚。至于十几岁的女子嫁给几十岁的男人，或者嫁给结过几次婚的男人都是很正常的事。曾有一则墓志铭这样写道："我的丈夫完全可以当我的父亲，他娶我的时候，我只有7岁。"

由于结婚过早，夫妻之间很难培养出真正的爱情，因为他们结婚时关于爱情的意识还没有萌发，等有了这种意识时为时过晚，再想培养出感情的机会甚小。曾有人在一本书中说："真正的罗马人结婚而没有爱情，有爱情也缺乏细腻和崇敬。"但罗马人却天生富于感情，所以在他们的婚姻中婚外恋现象是非常普遍的。

婚礼上的口号和麦饼

罗马人的婚礼非常热闹，结婚那天，男方要派出一支迎亲的队伍前往女方家迎接新娘。新娘一家则一边要忙着招待这些来接亲的人，一边还要忙着向掌管婚礼的天神哈埃门·海麦那埃乌斯献祭祈祷，以求得他的认可。在祈祷仪式结束后，还要再通过飞鸟进行占卜，以求大吉。新娘的出嫁要等到晚上。那时，迎亲的队伍点起火把，簇拥着蒙着橘黄色盖头的新娘前往新郎家。一路上他们一边唱着一些针对着新郎、新娘的下流小调，一边喊着"塔拉西乌斯"。唱下流小调是源于罗马的一种原始的迷信风俗。罗马人认为，当某个人在遇到好运的时候，一些邪恶的嫉妒就会随之而来，为了避开这种邪气，朋友们便用一些下流的话去辱骂他。喊"塔拉西乌斯"则是源于罗马一个古老的传说。相传在罗慕路斯建城时期，由于人口少而抢夺邻国的萨宾女子，有几个人正拖着一个颇有姿色的女子走时，被许多门第高贵的人看见，他们也想把该女子占为己有，于是那几个人情急之下便高喊"塔拉西乌斯"，意思是该女子是送给塔拉西乌斯的，塔拉西乌斯在当时信誉很高，人们一听是送给他的就都打消了念头。从此，呼喊"塔拉西乌斯"便成为罗马人婚礼上的一种习俗。

到了新郎家时，新娘则由新郎抱入门槛，并由新郎用矛头去挑开新娘的盖头。所有的宾客都为这对新人唱着喜庆的颂歌，祝福新郎新娘白头偕老、早生贵子。

在古罗马，还有许多奇特的婚俗。公元前1世纪，卡东允许奥东希乌斯与他怀孕的妻子结婚，但在奥东希乌斯死后，卡东又"再娶回"他的老婆，这就是换妻礼。尤其是拥有庞大财富的家族，生儿育女、传宗接代就成为一个重要而不太容易的事情。因为当时婴儿的死亡率很高，仅有2/3婴儿能安全度过幼儿期，在这之中又只有1/2的幼儿会活到20岁，超过20岁的女人的生育能力就会大大地降低。所以在古罗马时代，交换妻子或娶怀孕女人为妻，就丝毫不足为奇了。

古罗马贵族们则热衷于一种古老的"共食婚"。婚礼的举行要选在良辰吉日，人们认为6月是吉月，但具体时日还是要由祭司用占卜的方式来确定。婚礼要在朱庇特神的祭司和公证人面前举行，先由新娘的父亲祭告祖先和神灵，告诉今日要将女儿嫁给某家，并请神明护佑。再由新郎把新娘迎至家中，并在家神面前用水为新娘行斋沐之礼，并扶着她接触一下火神，然后宰杀一头牛来祭奠家神，同时家人与亲朋好友共同吟诵祭神的诗歌，最后新郎新娘要当着众人的面共吃一块麦面饼。

情人节的始祖：牧神节

西方人2月14日的"情人节"，其实源自古罗马的"牧神节"。在古罗马，每年2月14日"牧神节"是参加人数最多、最热烈欢快的一个民族节日。

罗马神话中，"牧神"浮努斯是畜群和牧人们的保护神，又是森林和原野之神。他能帮助牧人洗去罪恶，庇佑丰产，保护畜群不受狼害。但他又是一个放荡成性的神，在森林和原野中，他总是想方设法引诱妇女和他做爱。

而纪念浮努斯的"牧神节"相传是罗马的开国之君罗慕路斯开创的。在公元前8世纪某年的2月14日，他在罗马神圣的帕拉丁山的一个山洞里(后即被称为"牧神洞")，亲自主持了对浮努斯的首次祭礼仪式，祈求他赐福给罗马人民。当时，人们给牧神献上狗和山羊，因为传说中浮努斯喜欢吃羊肉，狗则表示协助他看护羊群。

从此以后，每到2月14日这一天，罗马的祭司们便集中在帕拉丁山下

的牧神洞口，他们杀死两头公羊和一只狗，然后将它们的血抹在两个青年人的额头上。这两个青年人就裸着上身在帕拉丁山四周街道狂奔，许多成年女子尤其是出身高贵的妇女，跑到路边伸出手让这两个青年人抽打，她们相信这会减少分娩时的痛苦，而不生育的妇女也会因此受孕。之后，"牧神节"发展成为罗马人的盛大节日，每到这一天，成千上万的男女老少沿街观看，许多年轻人尾随奔跑，甚至政府官员也加入跑步的行列。据传罗马执政官安东尼就曾参加过这种奔跑。

由于"牧神节"表示了一种与爱情和婚姻有关的祈求，在一代一代的流传过程中，逐步演变成情人节，基督教徒则称其为"瓦伦丁日"。

骄奢放纵　罗马世风的腐化

在古罗马帝国一个小城镇的人行道上，拼嵌着这样一句话：打猎、洗澡、游戏、找乐子——这就是人生。此话虽不是全部罗马人共同生活方式的写照，但在罗马社会中，相当数目的人过着这种无所事事的生活，享乐腐化之风盛行。

古罗马人不分男女贵贱，都穿着宽大的围裹式长衣长袍，衣长至踝骨上或拖至地，是古代罗马文明的象征。罗马人的衣服布料以亚麻为主，其次是丝绸和皮革，罗马贵族最为喜爱的还是丝绸。上流社会的女人们希望裙子的颜色及其图案能引起人们的联想，贵族妇女的服装多用丝绸制成，色彩绚丽，图纹精美，在领口及裙摆处常常配有刺绣。

古罗马早期的烹饪文化比较落后，后来受到希腊文化的影响，罗马人开始重视烹饪文化，早期吃得比较简单，通常以谷类和蔬菜为主，而且没有特别的加工。到了提比略执政时期，罗马人对饮食变得更有兴趣，开始认真对待。此时，食品的加工变得更精致，食品的选择也丰富起来。晚餐是罗马人一天中最重要的一餐，后来渐渐发展成社交宴会。宴会在罗马人的社会生活中具有重要意义。它是亲朋好友聚会的主要场所，也是房主人显示其社会和经济地位的手段。晚宴一般是在家里进行的。从下午4点开始，根据宴会的欢娱程度决定宴会时间的长短，长的宴会可能要持续到下半夜。酒在宴会上最重要，但要兑水稀释并调以香料和蜂蜜后才饮用，只有在祭神仪式时才饮用不兑水的酒。在特别重要的宴会和冬季晚宴上，罗

马人使用一种特殊的保温器具把酒加热并使之保持一定的温度。宴会开始前首先要供应一些开胃的食品，其中包括鸡蛋、贝类海味、奶酪等，同时还要喝几口"莫尔森酒"（加入了蜂蜜的葡萄酒）。菜肴由奴隶们准备，上菜也是精确有序地进行的。首先上主菜，即鱼类或是肉类，最好的是猎物野味或是家禽，为了增加味道，还要同时吃上一些无花果之类的可口时鲜。吃完主菜，再上一些糕点、牛奶蛋糊、牡蛎或是蜗牛等。客人们用餐的同时，通常餐厅里还伴有朗诵、演唱、乐器表演、舞蹈或杂技等。

举办这样豪华的宴会，餐厅的布置当然也不能马虎。共和国末期和帝国时期，富裕家庭有几个餐厅，有冬用餐厅、夏用餐厅、小餐厅、亲朋聚会餐厅、保温餐厅、室外餐厅等。主人说在哪个餐厅招待宾客，奴隶们马上就知道来宾的身份。

富人对餐具也是情有独钟。与普通餐具相比，金、银、萤石和水晶质地的餐具是他们的最爱。陶质和玻璃餐具用于一般宴会，金、银质餐具用于最奢华的宴会。餐具包括成批的盘、碟、高脚玻璃酒杯、碗、罐以及洗手盆。青铜或陶质的油灯放置在枝状大烛台上，用以照亮晚宴。萤石则是一种半透明矿石，能散发出酒一般的香味。萤石餐具一般都有雕花，嵌有宝石。在还没上菜前，客人们都会欣赏一下主人的这些金银器皿。

公元2世纪时，罗马的人口已达到100多万。当时的罗马，大部分的土地都被划成了大片的田庄，为罗马的贵族们所拥有。耕种这些田庄的主要是贵族家中的奴隶，偶尔也有一些临时性自由雇工，田庄的经营和管理也都由奴隶或被释奴隶负责，罗马贵族们并不用事必躬亲，尽管罗马贵族平时很少到自己的田庄里来，但他们都纷纷在乡间建筑了豪华的建筑群，罗马人称之为"维拉"，也就是今天英文中的"villa"，即别墅之意。到了帝国时期，别墅则真正成为贵族们欢娱的殿堂。当贵族元老们在城中的豪宅里待腻了，他们就会跑到自己的乡间别墅去修身养性、享受自然。

别墅的奢华程度在几个世纪里一直不断上升。罗马人别墅的优雅和华丽令人羡慕，尤其是它们通常都具有令人瞠目的景致，并带有私人浴池和葱郁的花园，墙壁上都挂满精美的绘画作品。而景致的优美离不开水，因此这些富丽的别墅大都建在有河流、湖泊的地方。别墅大都朝向大自然或花园，给人以一种置身于野外的感觉，但又不会受到日晒雨淋。别墅的浴室很小，但各种设施一应俱全，有更衣室、热水浴室、温水浴室、冷水浴室以及蒸气浴室等。罗马人非常喜爱自己的花园，并且把尽可能多的房间朝向花园。花园里有繁盛的百花、葱郁的绿荫和凉爽的泉水。有的更加豪华的别墅周围则建有园林，其中树木千姿百态、峻石耸立、雕像无数。目光所及，能见到孔雀、白鸽等，湖中央状若水鸟的小舟漂浮着。一切可谓极尽奢华之能事。

别墅内的装潢更是精美绝伦。几乎每一个房间都装饰了壁画和镶嵌图案，使人联想到神话传说中的田园风光。这些画作考究精致，不但反映了主人的情趣，而且反映了主人的社会地位。主要的房间，诸如正厅、餐厅和主人的卧室，都用色彩最绚丽、形象最生动的画面加以装饰，有时奴隶们的住房也会悬挂几幅小型的画作用以装饰。书房则是别墅不可或缺的组成部分。书房布置得清雅别致，是主人的工作室。

罗马的贵族们为了适应四季的变换，以便能在夏天享受清风的阴凉、冬日得到阳光的温暖、春秋时又能欣赏季节的美丽，他们都拥有几处不同的别墅。如果有谁评论说某个房间夏天可能会太热、某幢别墅冬天可能会很冷时，别墅的主人就会哈哈大笑地说："难道我会连鹤与獾都不如，不知道随着季节的变换而改变我的住处吗？"

由于胜利和暴富而导致的骄奢心理在罗马社会快速蔓延，享乐之风愈演愈烈，到了公元前的最后一个世纪，成为一种时髦的社会风气。日益膨胀的贪婪欲望和淫逸之风使终日沉溺于酒色中的罗马人再也不愿意承担国家和家庭的义务。公元476年，精气耗尽的罗马帝国终于在日耳曼民族的冲击下土崩瓦解。

神话宗教与古希腊的渊源

  神话与宗教是两种不同的文化现象，但它们之间的关系极为密切。早在远古时代，神话宗教就与巫术魔法等手段密切地联系在一起。原始社会生产力水平十分低下，面对难以捉摸和控制的自然界，人们不由自主地会产生一种神秘和敬畏的感情，而一些特殊的灾害性的自然现象，如地震、洪水，以及人类自身的生老病死等，尤其能引起人们的惊奇和恐慌。他们由此幻想出世界上存在着种种超自然的神灵和魔力，并对之加以膜拜，自然在一定程度上被神化了。由于人们的思维此时还以具体的、形象的思维为主，尚不能脱离具体事物，因此人们觉得自然万物就和自己一样，拥有灵魂、意志及情感，并能够和人进行神秘的交往。一个充满奇异色彩和生命活力的世界就这样被幻化出来，神话也由此产生。

  神话和传说是人类早期生活的全面记录，是宗教的来源和最早形式。它们反映了早期人类的社会状况，表现出早期人类的劳动、生活、斗争及他们的思想、观念、情感等。

  罗马神话是古罗马人民在对自然界的斗争和对理想的追求中创造出来的一系列丰富的神奇传说。早期罗马人认为，任何一件事物、一个人、一种行为都被一定神秘的力量所左右，所以他们相信万物有灵，给任何东西都封神，这些神都不是拟人的。例如，古罗马的家家户户都供奉灶神维斯塔，因为他能给人类带来火种，让人类灯火不熄、生命长存、吉祥如意。罗马人还供奉土地神拉尔、家神佩纳特斯、门神雅努斯、战神马尔斯、播种神萨图尔努斯、森林和原野之神皮库斯、地界神泰尔努斯、丰收女神克雷斯、酒神利柏尔、果实女神利柏拉、花神弗洛拉等，这些神祇生活在人们周围，无处不在。然而，罗马的神都是独立的，人们需要的时候就供奉，甚至在家里和田中就可祈祷。一开始，罗马没有专门的神殿和庙宇，没有统一的神话体系。在罗马城邦国家的形成中，尤其是在同邻族的交往和战争中，其原有宗教又受到伊特鲁里亚宗教和希腊宗教的影响，诸神形象受相应的希腊神灵形象的影响而发生变化，日臻完善。随着两种文化的渐渐融合，罗马人最初的有灵无形的神灵观念逐渐演变为人神同形同性的观念体系，他们开始修建专门用来供奉神祇的神庙。但与希腊宗教不同的是，罗马人的宗教观念比较注重宗教律法观念，强调对仪节程式和规诫的严格遵守和执行。这与古代罗马民族法律制度的高度发展如出一辙，相比希腊神话少了一些诗情画意和睿智哲理。后来由于又与东方国家发生接触，罗马又出现了对东方国家一些神祇的崇拜，如埃及的掌管生育和繁殖的女神伊两斯等。

罗马人一直是相信"万物有灵"的。他们认为，其所生活的环境中的每个地方、每样东西、每件事情，都有着各自的神明。例如，山有山神，河有河神，树有树神，家有家神，门有门神，灶有灶神……可以说，世间有多少种事物、人类有多少种行为，就会有多少种神明。罗马人信仰多神教，并长期保留着"万物有灵"的原始信仰。

罗马人的神大致有两类：第一类是受后来希腊文化的影响，把自己原有的神赋予希腊神的故事，或者出于自己的需要把自己的神与希腊的神混同；第二类神是罗马独有的原始的神，这类神在罗马历史上很早就已经有各自的祭司了，并有固定的庆祝日。

朱庇特是罗马的主神。除了具有希腊神王宙斯的一切神力外，他还被视为罗马的光明之神，称为"路刻提乌斯"。后来罗马人为欢迎凯旋的统帅而举行的凯旋仪式，就借用了纪念朱庇特的宗教仪式，还在卡皮托利山

建造了朱庇特庙。公元2世纪—3世纪，由于东方的宗教传入罗马帝国，人们开始把朱庇特与叙利亚的神巴尔混同，后建有阿温廷山的朱庇特神庙。朱庇特还与埃及阿蒙神合流。

朱诺是罗马的婚姻女神。一开始她常与朱庇特同时出现，罗马人供奉他们两人是为了祈求雨水，渴望其能为他们带来丰收、成功和胜利。罗马的宗教仪式特别强调他们的夫妇关系。祭祀朱庇特由佛拉门祭司团的祭司主持，祭祀朱诺则由佛拉门祭司团的祭司之妻主持。向朱庇特献祭就用白色公牛，向朱诺献祭就用白色母牛。后来朱诺逐渐独立出来，成为妇女的保护神，并与赫拉混为一体，被视为婚姻和丰产女神。在罗马的卡皮托利山和埃斯奎利厄山建有朱诺的神庙。每年3月，罗马贵妇人在埃斯奎利厄山举行主妇节。

密涅瓦是罗马的技艺女神。她原是技艺的创造者，一切手艺的庇护神。罗马的统帅把自己的战利品献给她。后来她与希腊雅典娜女神混合，成为智慧的象征，医术、雕刻、音乐和诗人的保护者。有关她的故事基本上与雅典娜相同。在罗马，还有纪念她的节日，称智慧女神节、手艺人节。

维纳斯是罗马的丰产、植物女神。她又被视为爱情的保护神，罗马人为纪念她还创立了妇女节。后来对她的崇拜与希腊的阿佛洛狄忒混合，她被视为美与爱的化身。在罗马帝国时代，罗马人特别崇拜她，把她看作是埃涅阿斯的外祖母，而埃涅阿斯又是罗马皇族尤里乌斯的祖辈，所以维纳斯就是罗马的女始祖。

马尔斯与希腊神阿瑞斯混合后，成为罗马的战神。罗马人把他视为罗马建城者罗慕路斯和雷穆斯的父亲。传说中，马尔斯有一面相传是从天而降的盾牌，呈椭圆形。神女厄革里亚说，这块盾牌是罗马安全的保证，于是它得到罗马国王努玛的指示，被保存在萨利祭司团中。每年罗马人在罗马年的第一个月举行大型的马尔斯庆节，这时萨利祭司团的祭司们要持盾游行，地点就是城中的马尔斯广场，广场中还有一座马尔斯神庙。后来人们为了纪念他，把一颗行星即火星命名为马尔斯星。在罗马，马尔斯的地位远远高于希腊的阿瑞斯，随着罗马军事力量的加强、国家势力的增大，马尔斯被视为护国神，几乎与朱庇特并列。

维斯塔是古罗马的灶神与火神。在罗马，每家每户都供奉他。到国王努玛·蓬庇利乌斯时，建造了第一座维斯塔神庙，使他成为罗马的主神之一。在这座庙里，保存着不灭之火，人们从庙中取火，送到新的居民区。对维斯塔的崇拜与护神有关。罗马人认为，护神是国家和个人的护佑之神，家庭有了护神可以保护全家的和睦与安宁，国家有了护神可以保证整个国家的幸福和完整。而国家护神的崇拜中心就是维斯塔神庙中的内殿，也叫珀努斯。罗马人虽没有固定的护神，但维斯塔、朱庇特、维纳斯等都算是主要的国家护神。家庭护神通常供在炉灶旁。在罗马，灯火是吉祥的象征，所以百姓家里的炉灶总是不灭的，一旦熄灭，也要用木棍摩擦取火。维斯塔又被视为炊事的保护者，磨坊工和面包师的护卫神。每年6月，罗马举行灶神节，这时罗马的贵族妇女会赤足来到维斯塔神庙，祈求神祇赐自己家庭幸福。后来对维斯塔的崇拜与对雅努斯和仁慈女神波娜的崇拜合流。

雅努斯是罗马最古老的神之一。他起初是太阳和光明之神，掌管着天门的启闭，给大地带来光明，使日月更替。后来他又成为守卫一切门户、通道的门神，罗马的各种建筑物和院宅的拱门、通道处常常立有他的雕像。传说他创造了人类，开凿了山泉、河道，教人们学会造船、航海，是象征着一切事物开始的神，于是人们从事一切活动，必先向他祈祷，在向众神祷告时，也总是把他的名字放在前头。罗马的广场上还建有雅努斯神庙，战时庙门大开，雅努斯神庇护战士出征；战争结束时，关闭庙门，以示和平。据说，雅努斯有两张面孔，一面可以看过去，另一面可以看未来。

多神崇拜的宗教本色

宗教是意识形态的重要组成部分之一，尽管宗教现象错综复杂，但它仍然是一定的社会存在在人们头脑中的反映。它对人类思想文化的影响很大，它影响到哲学、文学、历史、艺术等各个领域。从宗教的发展，我们能够看到人类社会发展的脉络。

罗马人的宗教之所以重要，不仅是因为它自身在罗马人的生活中占有特殊的地位，而且还因为它对人类历史起过特别重要的作用。罗马的宗教也和罗马的自身发展一样，起始于不大的城市公社，终止于庞大的帝国，走过了由简单到复杂，由多神到一神的过程。

罗马宗教是早期罗马公民思想最典型的表现形式。在早期，罗马的宗教属于多神教，自然崇拜和祖先崇拜两者兼而有之。罗马人所奉祀的男女众神，各有职司，名号极其烦琐。在罗马人的概念中，每一种物体和每一种现象都有自己的灵魂、自己的神；每一个人和每一个过程都有自己的保护神。一个人从他降生时起，在不同的时期就处于不同的神的保护之下。例如，婴儿降生初啼，他就处在瓦提卡努斯的保护下；幼儿"呀呀"学语，则在法布利乌斯、法里努斯、罗库提乌斯诸神的保佑之下；埃杜卡和庞蒂纳教幼儿饮食。当幼儿开始学走路时，女神阿贝奥纳将其引到门外，而女神阿德奥纳则导其回家。儿童发育亦有神保佑，奥西帕哥管骨骼之坚实，斯塔努斯管身材之挺秀，卡尔纳管发达的肌肉。学龄儿童由伊特尔杜卡神护送上学，由多米杜卡神护佑回家。在罗马人看来，每一城市都有自己的保护神。罗马人在围困一座城市并相信即将取得该城时，他们要用某种方式先召唤出这座城市的保护神，不然的话，他们认为或者此城不能取得，或者即使攻占该城对俘获诸神也是一种亵渎。而罗马人对罗马城的保护神以及罗马的拉丁名称从来守口如瓶，从不泄漏。

罗马人对神和神的职司如此详细的划分，反映了在这一时期罗马人对事物的认识还只局限于个别，还不善于从个别上升到一般，即不善于抽象思维。在罗马有很多宗教节庆，其中较为著名的是卢波卡里亚节。该节祭祀的是一个名叫卢波库斯的猎神，目的是祈神帮助驱散野兽，保护牧养的牲畜。每年2月15日在帕拉丁山丘举行，先由祭司在帕拉丁山丘西侧一个名叫卢波尔卡的洞穴举行仪式，奉献一只羊作为牺牲，然后由事先挑选的男青年赤身裸体手持牺牲羊皮切割成的皮条，以该洞穴为起点，围绕帕拉丁山丘奔跑，沿途有人群围观助兴。奔跑中，青年一路用皮条触击途中所遇的妇女，认为这样做可以人丁兴旺。

罗马人在对即将被他们攻破的城池的保护神的召唤时惯常使用的语言有：

"啊，保护迦太基人民及城市的男神或女神啊，保护这座城市和人民的最伟大的神，我祈祷并恳求您，请求您的恩赐，舍弃迦太基人民和城市吧，请放弃这些地方、庙宇、圣地和他们的城市，请您离开他们，并对其城市和人民投以畏惧、恐怖和健忘，抛弃他们，到罗马和我的人民这里来吧，愿我们的地方、庙宇、圣地和城市对您更合意、更愉快。愿您慈悲于我、罗马人及我的士兵，使我们了解领会您的意思。如您完成这些事，我发誓将为您建立庙宇并举行运动会以表敬意……"

诸神被召出后，他们就用如下方式将敌人的城市及军队"奉献"给众神，不过只有独裁官和司令官才能宣布这些言辞：

"啊，冥王之父，维奥菲斯、曼奈斯（都是阴间的神灵）或适于称呼你们的其他名字，我要说，请你们使迦太基的那座城市和军队充满逃跑、畏惧

和恐怖吧，对任何拿着武器反抗我们的军团和军队的人，愿你们阻止他们，剥夺他们的军队、城市、田野以及居住在这些城市、田野上的所有人员的阳光。至于我所要说的敌人的军队、城市和田野，你们可以按照敌人特别奉献时所订的条件，像奉献给你们的奉献物一样占有那些城市、田野、他们的人身和生命。我将它们奉上，以便让他们代替我、我的荣誉、我的官员，代替罗马人民、我们的军队和军团，从而使我和我的荣誉、我的最高权力、参与此项事业的我们的军队和军团，在你们的保佑下平安无恙。如果你们俯允所请并使我得知领悟，则无论发此誓者为何人或在何处，都将献祭3头羔羊以还愿。啊，地母，还有您，朱庇特，请你们作证。"

罗马宗教尽管具有原始多神教的性质，但它很早就出现了最高神这样的意识。这首先就是拉丁的三位一体神朱庇特、马尔斯和奎里努斯。朱庇特最初为保佑葡萄繁茂之神，继而又被奉为维护好客之情、伦理规范、家庭生活之神。相传，国王塔克文曾在卡皮托山丘建立朱庇特神庙，使其成为罗马城的保护神。最后，朱庇特神又成了全国的最高保护神和罗马人的民族神。马尔斯的形象同样十分繁复，最初为部落神和农业保护神，后又演化为战神。奎里努斯有"和平的马尔斯"之称，后又与马尔斯合而为一。此外，还有一个三位一体神：即朱庇特、朱诺和密涅瓦。这显然来自伊特鲁里亚。

罗马人对神十分尊重，每逢国有大事，诸如开战、出征、媾和、大兴土木等，罗马人无不请求神示。在请示神谕的活动中，鸟类占卜是最常见的方法。其过程是，占卜师和官吏走到空地，有意识地将天分成4个部分，然后进行观测，以天上出现的鸟作为征兆，据此决定是吉兆还是凶兆。此外，也有通过如鸡吃不吃米等行为，或通过其他动物的内脏来占卜。当然，从科学意义上说，所谓占卜，同样无非是虚应故事而已。李维曾记录过这样一个饶有趣味的故事。此事发生在萨莫尼特期间，罗军统帅帕皮里乌斯选定吉日，与敌人交锋。全军上下同仇敌忾，准备厮杀。占卜祭司战前照例预卜战之吉凶。祭司顺应军心，禀告统帅：鸡食米无异状，主

"吉"。事出意外，鏖战即将开始，帕皮里乌斯突然获悉：祭司所言有诈，占卜所得并非佳兆。帕皮里乌斯却声称："此事与我无关，祭司谎报，必自食其果；既然已告我占卜所得为吉兆，我不可怀疑。"于是挥军奋战，并克敌制胜。相传，祭司却死于乱军之中。

在罗马人看来，神的力量是无穷的，罗马人十分重视神的作用。为了保护公民的利益，他们甚至不惜以自己的身体向神献祭。例如，罗马人在与拉丁人的一次战斗中，因罗马左边的长枪兵无法抵挡拉丁人的进攻，开始退至主力兵的后面，从而引起整个军团的混乱。为了拯救罗马军团以及罗马国家和罗马人民，执政官德里乌斯决定向神自我奉献。于是在大祭司长的主持下，德里乌斯披上镶紫边的长袍，戴上面纱，然后站在一支长矛下，用一只手来摸着下颌，向神祈祷："谢努斯，朱庇特，父亲马尔斯，奎里努斯，贝隆那，拉列斯，神圣的诺文希尔斯；神圣的英地吉提斯，我们和我们的敌人双方都在尊神的威力下，还有您，神圣的曼奈斯，我礼拜你们，祈求你们赐福罗马人即奎里特人昌盛强大，取得胜利，并使罗马人即奎里特人的敌人恐惧、战栗及死亡。我说这些话，完全是代表罗马人民，即奎里特人的共和国、军队、军团，以及罗马人即奎里特人的辅助部队。我愿将敌人的军团和辅助部队以及我自己献给神圣的曼奈斯和大地。"祈祷后，德里乌斯束上格比尼亚带子，拿着武器飞身上马，冲入敌群。

在罗马，祭司是联络人与神之间的桥梁，它既是罗马宗教的教职人员，又是国家的公职人员。罗马的祭司与古代埃及的祭司不同，它既没有形成特殊的祭司阶层，祭司本人也不能随意行事。不过，罗马的祭司团却由来已久，其中较古老和较有影响的大祭司团有维斯塔祭司团和弗拉明祭司团。大祭司团(Pontifices)一词多半是从 Pons(桥)和 Facere(制造，修筑)二词产生出来的。大祭司团古代为3人，后来增至6人、9人，到苏拉当政时，增至15人，至恺撒当政时多达16人。他们的职责主要是解决神圣法与家族法方面有争论的问题，此外还从事历法的修正，搜集各种史实和逸

事。大祭司团的主要负责人即大祭司长是全体罗马祭司的首领。

由4名维斯塔贞女组成的祭司团在罗马享有很高的声望。她们住在女神庙内，需守贞洁30年，在30年内献身于献祭和履行法律规定的其他仪式，不得婚嫁。她们在头10年学习各种仪式仪规，第二个10年执行这些仪式仪规，最后10年是教育新来的贞女。30年期满后，想结婚的人在去掉头上的束带和其他符号后即可结婚。如在当贞女期间行为不端就会受到严厉惩罚，审讯和处罚由大祭司长依据法律执行。犯轻罪的维斯塔贞女要受鞭笞。犯有亵渎罪就会被处以极耻辱和痛苦的死刑，她们在还活着时就被放人尸架，然后被放到地下牢房内，身着装裹，但没有墓碑或葬礼，也没有任何习惯性的仪式。种种迹象表明，有许多女祭司没有纯洁地完成她们的神圣使命，有的甚至把圣火熄灭。圣火熄灭是罗马人所最恐惧的灾祸，它被看作是预示罗马城毁灭的凶兆，因此他们往往要用诚惶诚恐的祈祷和隆重的仪式把火种重新请入庙中。

所谓"弗拉明"，是指侍奉某些神祇的祭司，他们总共15人，由大祭司长统辖。"弗拉明"专事向神祇献祭，享有很高的声望，但也被各种繁文缛节所困扰。例如，罗马明文规定，专司朱庇特的"弗拉明"不能骑马，不能戴戒指，不能触及母山羊、生肉、常青藤和蚕豆，甚至于人们连他们的名字也不能提及。

当然，祭司及其祭司团也并非与世隔绝。祭司常常由世俗人士担任，他们也可以参加各种社会活动。改革家提比略·格拉古在青年时代时就曾被选人"占卜"祭司团成员；西塞罗也当过祭司团成员；恺撒则在13岁时当过侍奉朱庇特的"弗拉明"的成员，37岁时被选为"大祭司长"；而奥古斯都不仅位居世俗至尊，而且还兼任"大祭司长"。

从公元前5世纪起，通过坎佩尼亚的希腊人传过来的希腊宗教开始影响罗马。希腊宗教和神话的传入，大大地丰富了罗马宗教的内容，从而使罗马原本平淡的罗马诸神形象更加生动活泼。在希腊宗教的影响下，罗马人建立了规模宏大的庙宇，并把宗教作为造型艺术和文学创作的重要素材。此外，罗马诸神和希腊万神殿里的神逐渐合流，如朱庇特与宙斯，朱诺与赫拉，密涅瓦与雅典娜。罗马神逐渐有了人物造型，有了自己的特性，并获得了神话上的修饰。

伴随着罗马由共和制向元首制，由元首制向君主制过渡，罗马的宗教也不断地发生变化，王权崇拜开始出现，并盛极一时。早在恺撒时代，罗马就破天荒地为他举行了所谓的"封神"仪式。屋大维欣然接受"奥古斯都"（神圣者）的称号，死后他被奉为神，并在自己的庙宇中接受人们的祭祀。卡利古拉则在活着时就自封为朱庇特神，要求人们像拜神一样拜他。罗马宗教与政治之间的关系日趋密切，两者之间的相互作用也日趋明显。与此同时，为了证明其自身权力的合理性，元首们也采取各种措施力图恢复已经衰微的古罗马信仰和礼仪。例如，奥古斯都特别注意罗马精神支柱的建设。早在公元前28年，他就下令恢复罗马旧宗教，重建神庙，恢复旧祭司团的职务。据统计，他在位期间，仅罗马一地就重修和增建了82座神庙。此后，他又责令西比林圣书祭司团(或称15人祭司团)宣布公元前17年为新黄金时代的开始，并于次年6月举行一次大规模的庆典，庆祝新时代的开始。此外，他还在罗马和意大利诸城赞助宗教活动，恢复许多旧宗教节日庆典，主张罗马人应尊重的神不是卡皮托里的朱庇特而是帕拉丁的阿波罗神。为此，他把旧三神：朱庇特、朱诺、密涅瓦改为新三神：阿波罗、维纳斯和戴安娜，前者来源于伊特鲁里亚，后者来源于罗马、意大利，与希腊有关系。奥古斯都想在统一宗教信仰和思想感情上去寻求全帝国的统一。不过，这些措施并不能阻止罗马原有宗教的衰落，因为罗马宗教乃是小国寡民时期的产物，它无法适应不断发展的罗马国家的需要，必然随着罗马帝国的扩展而被取代。到公元4世纪时，罗马的皇帝们就公开采取措施禁止对守护神和家神的崇拜，罗马的原有宗教逐渐消亡，新的世界性宗教，即基督教开始在罗马帝国悄然兴起。

基督教求得生存的苦难历程

　　基督教兴起之初，罗马政府还以为它是犹太教的一支，因此并未严加取缔，相反的还受到罗马法律的保护。但是，基督教蔑视富人，同情穷人，反对罗马帝国的残酷统治，教徒们又经常秘密集会，必然引起罗马统治阶级的不满。此外，基督教还宣扬天国学说，号召人们信奉上帝和耶稣基督，这样就否定了现实的帝国，否定了罗马传统上的神祇。这在当时是大逆不道的，因而遭到罗马统治者的残酷镇压和迫害。在罗马皇帝克劳狄统治时期（41—54），曾把基督教徒逐出罗马，理由是他们"不断地受基督的教唆而作乱"。

　　"尼禄是第一个对基督教徒进行大迫害的人。"公元64年，罗马城发生了大火灾，一座座希腊艺术和罗马业绩的丰碑，一件件布匿战争和高卢战争中俘获的战利品，最神圣的庙宇和最壮丽的建筑，全都在一片火海中化为灰烬。罗马城所划分的14个区或地段只有4个区侥幸保持完好，3个区完全被夷为平地，其余7个区经过一场烈火的焚烧之后呈现出一派断壁残垣的凄惨景象。民间传说这次大火是罗马皇帝尼禄纵火取乐酿成的，也有人控告是信奉救世主基督而屡次闹事的犹太人所为。尼禄正好借此对基督教徒进行大规模的迫害。"起初，尼禄把那些自己承认为基督教徒的人都逮捕起来。继而根据他们的揭发，又有大量的人被判了罪……他们在临刑前还遭到嘲笑。他们被披上了野兽的皮，然后被狗撕裂而死；或者他们被钉上十字架，而在天黑下来的时候就被点着当作照明的灯火。"

公元2世纪初，由于基督教学说的逐渐改良，基督教的反抗性逐渐减弱，罗马统治者对基督教徒的迫害有所减轻。但在图拉真时期（98年—117年在位）"由于普遍的起义，也激起局部地区对基督教的迫害"。公元110年，比提尼亚和本都总督小普林尼收到对基督教徒的匿名控告，他对基督教徒进行了搜查，在搜查过程中，他发现基督教徒并没有触犯罗马刑律。于是，他便向图拉真请示：1.对基督教徒的匿名控告是否受普林尼审理；2.应如何判罪是否应区别对待。图拉真复信指出：你所采用的审讯方法是非常正确的。但要订出一种固定标准来处理所有这类性质的案件是不可能的。他指示小普林尼：不要再搜捕基督教徒，而且只要愿意通过向罗马神祇献祭而公开表示放弃基督教信仰，即可宣告无罪，只有那些坚持信仰的才要判刑。对于没有签署原告名字的密告就不应该被看成告发任何人的证明，因为这将开创一种很危险的先例。同时对于时代精神也是很不合适的。

图拉真之后的哈德良和安敦尼·庇护，继续执行图拉真的政策。马可·奥里留重新实行反对基督教的法律，开始了一个更严厉的迫害基督教徒的新时期。这一时期一直延续到康茂德统治初期。不过，这一时期实际被杀的人数并不如3世纪至4世纪多。公元250年以前，在帝国境内没有出现过对基督教的普遍迫害，在这一阶段发生的政府对基督教徒的迫害大多是由于群众哄闹围攻基督教徒促成的。例如，公元177年，在高卢的里昂和维恩发生的对基督教徒的迫害，直接原因就是有人指控基督教徒行为不道德，从而引起孤立和围攻基督教徒的事件。因此，这一阶段对基督教徒采取的司法手段大多数是地方官制止骚乱，维持秩序，很少有用特殊罪名正式判罪的。

从193年到250年，基督教与罗马政府的关系主要取决于皇帝的意愿。总的来说，基督教徒是被定了罪的，不允许存在，但事实上，在大多数时间里都得到宽容，只有202年至211年、235年至238年这两段共12年中，

基督教徒受到罗马政府的镇压。因此，在这一阶段基督教的发展速度非常惊人，到250年，仅罗马教会就有154名神职人员。

基督教的发展引起了罗马元首狄修斯（249年—251年在位）的不安。250年，狄修斯发布敕令对基督教进行镇压，这是罗马历史上第一次对基督教徒进行的普遍而有组织的迫害。这一次迫害持续了一年，罗马主教德比乌斯、安条克主教巴比拉斯皆被处死，奥里金及许多人遭受酷刑，大批基督教徒脱离教会，向古老的罗马神祇献祭。这次迫害残酷凶猛，但时间较短。下一任元首加路斯（251年—253年在位）统治时，迫害再起，但较为缓和。公元253年，瓦列利阿努斯继元首位。他是一位保守的罗马贵族，他认为，罗马昔日的繁荣全赖全国同拜古老的神祇，如今国民中有一部分人不拜，因而得不到神的保佑，致使灾难接踵而来。所以在他登位后不久，就开始对基督教进行更为猛烈的迫害。他发布敕令：禁止基督教徒聚会，没收教堂和教会公墓。他在位期间，许多主教、神父、执事被处死，许多有较高社会地位的信徒遭受侮辱、流放，财产被没收。迦太基主教息普立安、罗马主教西克斯特斯二世及执事劳伦提乌斯皆死于这次迫害。

260年，瓦列利阿努斯在与波斯人的作战中失败，于是让位与他共为皇帝的加里恩努斯单独执政。新元首立即放弃了对基督教的迫害，宣布基督教为合法宗教，准许教会及主教活动自由，返还教会财产。此后45年被称为"长期和平时期"，基督教在这一时期得到了很大的发展。在小亚细亚的有的行省，基督教徒约占人口的半数，成为传播最广的宗教。在有些行省，基督教徒人数虽然较少，但因集中于城区，影响很大。这时，基督教的主教们在社会上的地位大为提高，他们不但受到人民大众的尊重，而且还受到了官员们的特殊待遇和尊敬。几乎在每个城市里都开始兴建新的更加宽敞、更加堂皇的教会建筑物，以容纳日益增多的信徒举行公共礼拜。据英国史学家吉本估计，在100万罗马人口中，基督教徒约有5万人，占总人口的1/20。

君士坦丁确立基督教国教地位

罗马皇帝们对基督教的敌视和镇压政策，不但没有把基督教镇压下去，而且相反，镇压愈烈，信徒愈多。到4世纪初，帝国境内信奉基督教的人数已达600万，教会的数目也不断增加，例如公元98年有42个，到325年就达到550个。基督教不但在帝国上层发展迅速，甚至已深入军队。面对基督教势力的发展，统治者的政策有了很大的变化，即由镇压基督教转向利用基督教。311年，皇帝加勒里乌斯与他的部将李锡尼乌斯和君士坦丁共同发布一道宽容基督敕令。敕令指出："为社会的长远利益，我们曾致力于重建罗马的典制和统一社会制度，其中对背弃祖代相传宗教的基督教徒，要求他们返回正道……在要求基督教徒服从古代典制的法令颁布以后，绝大多数人已返回正道，但另有不少人现在既不到神庙也不敬拜他们的上帝。有鉴于此，我们现在宽宏大量，准许这些人继续当基督教徒，恢复礼拜场所。但基督教徒今后应该不做任何违法乱纪的事，并应为国家社会免遭灾难，享受安宁祷告上帝。"此后不久，加勒里乌斯去世，君士坦丁和李锡尼乌斯分别在帝国西部和东部争夺霸权，他们都利用基督教，宣称蒙见神佑，命令士兵向上帝祈祷。结果双方都取得了争霸战争的胜利。

313年，君士坦丁与李锡尼乌斯在米兰会晤，并联名发表了著名的《米兰敕令》(又称《宽容敕令》)。敕令规定："凡愿按基督教徒方式信仰者应自由无条件地保留其信仰，不受任何干扰和干预"；凡已由国库出款

或其他款项购得的基督教集会场所，"均应将其交还基督教徒，不得要求付款或任何补款，不得作弊或有任何含糊"；对于教会所有的财产，应"毫不含糊而且无争议地归还给基督教徒，即还给他们的组织和集体"。这是罗马法律上第一次承认基督教会可拥有财产。《米兰敕令》使基督教取得了合法地位。

《米兰敕令》颁布后，君士坦丁又采取许多措施，优待基督教。319年，君士坦丁颁布法令免收神职人员的赋税。321年，教会被授予接受遗产的权利，开始享有法人的地位。与此同时，君士坦丁对异教进行打击，他颁布法令，禁止异教徒的私人献祭。同年，又禁止各城市居民在星期日工作。

公元323年，君士坦丁战胜李锡尼乌斯，完成了帝国的重新统一。在君士坦丁的大力扶植下，基督教得到了迅速的发展，在罗马、耶路撒冷、伯利恒等地大教堂纷纷建立，大批民众皈依基督教，基督教徒担任了罗马帝国的各级政府官员。同时，君士坦丁发布命令，将各地神庙拆除，并停止建立新的神庙。

当然，君士坦丁扶植基督教的目的，是为了利用基督教。因此，对教会严加控制是君士坦丁宗教政策的重要内容。君士坦丁规定，教会的教义、宗教活动、人事安排、经济收支等都必须听命于皇帝。各种特权也仅给予势力强大、组织严密的"大公教会"，至于当时为数较多的形形色色的"异端"教派，不但得不到任何恩惠，相反却遭到严厉的打击和镇压。我们可以从君士坦丁对北非教会所采取的不同措施中看得很清楚。自从戴克里先以来，北非教会分成两派。311年，严格派教会指控迦太基主教西昔里安向一位犯有死罪的人授予教职(此人在受迫害时曾经交出若干本《圣经》，因而认为他无权接受圣职)，并选出一位对立主教马约利努斯。继任马约利努斯任主教的是多纳杜斯，因此，这一教派又被称为多纳杜斯派。313年，君士坦丁拨给北非"公教"神职人员一部分津贴，在这笔津贴中多纳杜斯派分文未得。同年，在罗马召开的一次宗教会议上，多纳杜斯派遭到攻击。314年，君士坦丁指示教会在高卢的阿尔斯召开宗教会议，会议根据君士坦丁的旨意，谴责逃避兵役的基督教徒，并支持西昔里安，宣布圣职即使由不称职的神职人员主持授予，也仍然有效。多纳杜斯不服，向皇帝上书。但君士坦丁重新作出对他们不利的决定。由于他们拒不服从，君士坦丁便着手封闭其教堂，逮捕其领导人或将其逐出教会。当时，多纳杜斯派并未屈服，而是与北非奴隶、隶农发动的阿哥尼斯特运动建立密切联系，继续进行斗争。

为了扶助基督教，使其进一步充当统一帝国的政治思想工具，君士坦丁采纳了他的宗教顾问何西乌斯的建议，于325年在比提尼亚行省的尼西亚召开全帝国范围的主教会议。这便是历史上著名的尼西亚会议。这次会议名义上是为解决教会内各种矛盾而开，实际上则是世俗政权干预和控制教会，并使其成为国家机器的一部分的开始。会议由何西乌斯主持，君士坦丁在开幕时亲自致辞，强调加强统一，反对分裂。会议在君士坦丁的强制下制定并通过了统一的尼西亚信条。

尼西亚会议还制定教会法规20条，肯定主教制，加强主教权力。如第15、16条规定，禁止神职人员由一个教会转到另一个教会；神职人员背弃原属教会后，其他主教不能予以收留；神职人员被主教革除教籍后，其他主教不得为其恢复教籍。会议规定帝国行省划分教区，并赋予罗马、亚历山大里亚和耶路撒冷主教比一般主教更多的权力。会议同时宣布拒不接受尼西亚信条的阿利乌斯派为"异端"，开除其教籍，阿利乌斯被放逐到伊利里亚，他的有些拥护者被放逐到高卢。阿利乌斯派在会议上失败后，继续斗争，在埃及、叙利亚和有些"蛮族"中有很大影响。

尼西亚会议后，各地主教开始对分裂分子教派进行镇压。分裂分子教派的集会被禁止，财产被没收，教堂被充公，领导人被处罚。凡参与分裂分子教派的成员被剥夺担任公职的权利，它们不得处理遗产或继承遗产，

学生必知的古罗马文明

凡私存分裂分子著作者皆应处死。337年，君士坦丁去世，他以后的历代罗马皇帝继续支持、控制和利用基督教。到4世纪中叶以后，罗马神庙已无人问津。375年，皇帝格拉先正式宣布：禁止向古代神祇献祭，皇帝也不再担任罗马神庙的最高祭司，即大祭司长。380年和381年，罗马皇帝狄奥多西一世（379年—395年在位）连续颁布法令，支持基督教正一统地位，禁止各种异端教派进行活动。391年至392年，狄奥多西一世又颁布法律，禁止在任何场合向罗马古代神祇献祭，异端神庙一律关闭。违令献祭者，一经发现，罚款黄金25磅，从事献祭活动的房屋、土地皆应没收。至此，基督教正统教会在罗马一统天下的地位正式确立。此后，基督教会在西方意识形态领域逐渐取得了支配地位。到中世纪，基督教则完全垄断了西欧的文化和教育，一切哲学和科学都被归到基督教神学的名目之下，正如恩格斯所说："中世纪是从粗野的原始状态而来的。它把古代文明、古代哲学、政治和法律一扫而光，以便一切都从头做起。它从没落了的古代世界承受下来的唯一事物就是基督教和一些残破不全而且失掉文明的城市。其结果正如一切原始发展阶段中的情形一样，僧侣们获得了知识教育的垄断地位，因而教育本身也渗透了神学的性质。政治和法律都掌握在僧侣手中，也和其他一切科学一样，成了神学的分支，一切按照神学中通行的原则来处理。教会教条同时就是政治信条，《圣经》字句在各法庭都有法律的效力……神学在知识活动的整个领域的这种无上权威，是教会在当时封建制度万流归宗的地位之必然结果。"教会利用它在社会上的至高无上的地位，使哲学、科学、文学都成为神学的附庸。教会认为，凡是与信仰无关的知识都是无用和荒谬的。它让人民只知道一种意识形态，即宗教和神学。为了树立神学的权威，控制人们的思想，教会把古代科学文化视为"异端"，横加摧残。在教会的怂恿下，许多古代建筑、雕刻和书籍被破坏，僧侣刮去了古代羊皮纸手稿上的希腊和拉丁文字去抄写神学教义、信条和神奇故事，致使许多古典学术著作遭到毁灭而失传。在基督教的打击下，古典文明一度失去了其存在的空间。不过，真理毕竟是真理，只要一给它机会，它就会重新发挥巨大的威力。这个机会终于在14、15世纪出现了。当时在西欧封建社会的内部出现了资本主义的萌芽。新兴的资产阶级为了发展经济，就必须突破教会的桎梏，建立自己的文化体系和社会秩序。于是，在社会上兴起了复兴希腊、罗马文化的运动，即文艺复兴运动。新兴的资产阶级学者广泛搜集古代希腊、罗马的哲学、文学、艺术作品和历史文物，重新研究已被湮没了千年之久的古典文化。在古典文明光辉的形象面前，中世纪的幽灵消逝了，人自身的作用和价值得到普遍的重视，意大利等地出现了前所未有的文化繁荣。也正是从这时开始，希腊和罗马的文明再次焕发了青春，得到了人们的普遍尊重和赏识。人们怀着满腔的热情，敞开胸怀尽情地迎接昔日的辉煌。

罗马历法恩泽后世

"罗马人打了许多胜仗，但却不知道是在哪一天打的。"这是法国启蒙运动的思想领袖伏尔泰对四季无序、寒暑倒置的古罗马历法的戏言，由此可以看出当时的历法是多么混乱。但就是这样一部历法却恩泽天下，至今还让欧洲人乃至整个世界受益。

说来也许很多人很难相信，罗马人最初在历法方面是最稀里糊涂的了。现时所用的西方历法，源于古罗马的太阳历。传说古罗马城是由传奇的领袖罗慕路斯大约建于公元前753年。初期是承继希腊历法，在公元前738年实行。罗马历法可以说是非常混乱，无人了解其法则，现时的知识很多都是来自估计。罗马历法定一年有304日，分10个月（6个月30日及4个月31日），以3月（March）作为新年及一年之始。这10个月的名称分别是 Martius, Aprilis, Maius, Junius, Quintilis, Sextilis, September, October, November 及 December，最后的6个单词是表示5至10的拉丁文。但与太阳一年约365日相比相差了61日，当时的罗马人似乎忽略了这些日子，只把它当成无名称及不定期的月份，成为年与年之间无一定规律的冬日。这就是所谓的阳历。后来为了补偿这少了的日数，罗马建城者罗慕路斯的继任者第二个国王努玛（前715—前673），按照月亮的运行周期把一年分成12个月，制定了阴历。于公元前713年，在新年之前加上January及年尾加上February两个月份造成一年12个月共355日。至公元前452年，罗马人将February移至January及March之间。虽然加了两个月成355日，但仍与回归年不吻合。为了调整至回归年，努玛每隔一年下令在 February 之后加上一个特别月 Intercalaris 或 Mercedinus，Mercedinus 一般有 22 或 23 日。罗马在历法方面的工作主要由大祭司负责。这套阴历从王政时代到共和时代，罗马人用了 700 年。

儒 略 历

到了恺撒的时候，旧的历法出现了很多问题，原来的历法经过 700 年误差的积累越来越大，以至于季节都变得不准确了，在这一点上，以往掌管历法的大祭司是有责任的。所以恺撒的一项重要工作是校正误差，在公元前 46 年为当年补了 76 天。更重要的是，恺撒制定了全新的历法，用阳历代替阴历。他在埃及不仅得到了埃及艳后作情妇，还接触了埃及的天文学家。他根据埃及亚历山大的天文家索西琴建议，学习埃及人的历法。埃及人用的是阳历，恺撒也为罗马制定了阳历，即儒略历。既然用阳历，那么传统的闰月就不需要了，改用闰日法，即我们现在熟知的四年一闰。至于各月的天数，他采用了与埃及不一样的方式，埃及人是 12 个月每月 30 天，把剩下的 5 天放在年末作为闰日。也许是为了避免原样照搬埃及人的历法，恺撒以每月 30 天为蓝本，把其中一个月拿出两天（现在的 2 月），把这 7 天分配给一些月份，于是有了大月和小月之分。由于他出生在 7 月，为了表示他的伟大，决定将 7 月改为"儒略月"，连同所有的单月如 1、3、5、7、9、11 诸月都为大月规定为 31 天；逢双的月份，如 4、6、8、10、12 各月为小月，每月 30 天。这样一年多出一天，2 月是古罗马处死犯人的月份，为了减轻人们当时的恐惧心理，将 2 月减少 1 天，为 29 天。每 4 年设置一闰年，闰年的 2 月加多一日成为 30 日。因此平年有 6×31+5×30+29=365 日，而闰年有 6×31+6×30=366 日。4 年里总共有 365×3+366=1461 日，平均每年日数为 1461/4=365.25，较准确回归年 365.2422 相差 0.0078 日，即是每 128 年会有一日偏差。恺撒制定

的历法在准确性方面大大地提高了。

公元前27年，奥古斯都继承皇位以后，又主持修改了历法。他仿照恺撒的做法，把自己出生的月份——8月增加了1天，定为"奥古斯都月"。至公元前8年，罗马议会将8月改成奥古斯都皇帝之名，称为August。同时将8月改为大月而成31日，使它和纪念恺撒的7月日数相同，以显示他和恺撒的功业同等伟大，并把10月、12月也改为31天，将9月、11月改为30天。全年又多出了1天，他又从2月减少了1天，于是2月变成了28天，到闰年才29天。这样，全年的大月有7个，加上4个小月和1个2月，总计天数就达到366天。这样一直沿袭下来，就有了7月前单月为大月，7月后双月为大月，2月28天。由此可见，每月天数不一致，完全是人为的规定的结果。

格利高里历

由于儒略历平均每年日数为365.25，较准确回归年365.2422相差0.0078日，即每100年会有0.78日偏差。到公元后16世纪，偏差已经累积至10多天。历法偏差使得宗教节日亦有错误。

早在13世纪时，培根及其他人已指出历法错误，须要修改。但教廷多年来都无任何行动。到16世纪，复活节有时在春分之前到来，而不是根据公元后325年尼凯亚会议所定的日子出现。至公元1563年，教皇召开弥撒议会尝试修正春分及复活节日期问题。目的是重新确立春分点不能迟过3月21日及确立复活节前的满月的日期。

格利高里十三世也是弥撒议会的成员。根据天文学家的建议，从现有历法中减10天使春分出现在3月21日，因为他们观察到春分点发生在3月11日。格利高里十三世接受建议，执行以下改革并称为格利高里历：

1.将1582年10月5日至1582年10月14日这10日取消。

2.每个可被4整除的年份是一个闰年。

3.但00结尾的年份一定要被400整除，才能算是闰年。否则不是闰年。因此，1700、1800、1900、2100和2200年都不是闰年。而1600、2000和2400年是闰年。

由以上可知，格利高里历以400年为一循环。400年共有365×400+97=146097日，平均每年有146097/400=365.2425日。与准确回归年365.2422相比只差0.0003日。因此3300多年才会产生一日的偏差。

各国执行格利高里时间表

罗马教廷宣布1852年10月4日后面紧跟着就是15日。其他天主教国家也很快跟着这么做了，例如意大利、波兰、葡萄牙和西班牙等。但是新教国家不愿意追随，尤其是希腊等东正教国家直到20世纪初才修改。英国及其殖民地（包括现在的美国）在1752年执行。所以1752年9月2日后面跟着1752年9月14日。中国则在辛亥革命后才修改。

光荣属于希腊　伟大属于罗马

有一个词，有一座城，他们彼此归属，彼此维系。从诞生的那一刻起，就决定相互之间不可分割，浑然天成——这个词叫伟大，这座城市叫罗马。

有人曾说过，罗马的伟大，是一种永恒的典范。欧洲其他城市的历代设计者，连梦中都有一个影影绰绰的罗马。

而这个影影绰绰的罗马，存在了千年，她以其不可抗拒的磅礴气势，傲然伫立，见证了一个个世纪的繁华与沧桑，见证了一代又一代王朝的兴衰破灭，见证了人世间一场场的悲欢离合、生离死别。只因为她是罗马，是曾经属于恺撒、奥古斯都、图拉真和哈德良的罗马，是博大宽容成全人间所有迎来送往的罗马。

荒废的古城，如今只剩下断壁残垣。而她的骄傲，一如千年不败的神话，让每一位前来的人，心甘情愿顶礼膜拜。这个昔日古罗马帝国的中心，拥有太多庞大沉重的历史，无数的宫殿城池，雕梁石柱，被岁月覆盖的，只是苍凉。当你身处其中，触摸每一处历史的痕迹，君士坦丁大帝的凯旋门，毅然耸立的蒂奥斯库雷神庙，支离破碎的恺撒神庙……每一处破败，都在诉说曾经的伟大。这里，时光停滞，连呼吸也都要屏息静止，生怕打扰这样浩大非凡的静谧。而不远处的另一片断墙残瓦，则有着截然不同的激情澎湃。斗兽场的拱形大门，华丽张扬，出入过多少的皇室贵族。竞技场上似乎还残存着人兽博斗挣扎的痕迹，你看到那些庞然大物轰然倒下的悲怆，你看到穷人被活生生撕扯的血肉模糊，你听到看台上的笑声和喝彩声。这片废墟，罗马人血淋淋的厮杀多少次残酷地上演。

古希腊是整个西方的源头，希腊人在思想上建构了西方，而罗马人则按照希腊人的设计图纸在现实中建构了西方，所以人们说"光荣属于希腊，伟大属于罗马"。

古罗马是继古希腊之后的又一个人类文明的辉煌时期。尽管在很多方面它都是继承古希腊，但它的文明却是独特的，且让人无法逾越的伟大创造。它对后世的影响是深远而广泛的，尤其是对资产阶级的影响。罗马法为资产阶级的民权理论提供了思想渊源，并为其法律体系的建立提供了楷模。究其主要原因，首先是由于罗马法本身的完备性、先进性，其次是它方便了资产阶级传播新思想，其内容符合资产阶级利益。

罗马法对后世的影响是广泛而持久的。德国著名法学家耶林在他所著的《罗马法的精神》一书中强调："罗马帝国曾三次征服世界，第一次以武力，第二次以宗教，第三次以法律。武力因罗马帝国的灭亡而消失，宗教随着人民思想觉悟的提高而缩小了影响，唯有法律征服世界是最为持久的征服。"正如近代启蒙思想家卢梭所指出的那样，真正的法律既不是铭刻在大理石上，也不是铭刻在铜表上，而是铭刻在公民的内心里。罗马法是一部非常重视自由民之间私人权利和极力主张自由民之间私人平等的法律。在自然法的概念下，人人平等，人人都有其自然权利。所以，法律面前人人平等，人人都有一份应得的自然权利，这并不是国家法律所赋予人民的，乃是人民与生俱来的固有权利。这种渊源于自然法的"权利"和"平等"观念，对于英法等国的革命思想，提供了重要的理论根据。17世纪至18世纪新兴资产阶级的政治、法律思想家，从格劳秀斯到卢梭，都是以这种思想作为自己理论的基础的。

随着罗马帝国的对外扩张，它的文明被传播到了西方。罗马本身是一个尚武的国度，它不安于现状，不断对外扩张。共和国时代，它不但摧毁

了海上强国迦太基，而且战胜了东方大国塞琉古，成了整个地中海地区的霸主。到了帝国时代就更加强大了，成为地跨亚非欧三大洲的帝国，规模空前宏大。西欧的大部分领土都曾是它的领地，所以对西欧资产阶级有影响也就是想当然的了。随着罗马版图的扩大，它的文明也被带到了这些地区，其中当然也包括罗马法。而且在这一过程中，罗马法也得到了进一步完善。

　　总而言之，由于罗马法本身的完备性、先进性，罗马帝国的大疆域，拜占庭帝国对古典文明的延续，基督教教会法的传承以及符合资产阶级利益等原因，罗马法对资产阶级产生了广泛而持久的影响。罗马法是对世界法律文明作出重大贡献的法律体系，它不仅作用并影响于奴隶制社会与封建制社会，也促进了新的资本主义经济的形成。即使在今天，罗马法对现代资产阶级各国的法律制度，仍有不同程度的影响。

　　罗马帝国一路借鉴和发扬着希腊文明，并"以其厚实、伟大和创造性与古希腊文明一道成为欧洲文明和西方文明的共同源头"。屋大维开创的罗马帝国的黄金时代对欧洲乃至世界的文明进程产生了举足轻重的影响。

　　"光荣属于希腊，伟大属于罗马！"两千年后的今天，我们依然能够清晰地感受到这个庞大帝国的光辉与灿烂。